U0946882

纸上建筑

白纸行黑字

沙页翻长河

仰望老子

4

伦理学与政治学

柯美淮 著

中央廣播电視大學出版社
·北京·

图书在版编目（CIP）数据

仰望老子. 4, 伦理学与政治学 / 柯美淮著. ——北京 : 中央广播电视大学出版社, 2012.12
ISBN 978-7-304-05815-9

Ⅰ. ①仰… Ⅱ. ①柯… Ⅲ. ①老子–伦理学–研究②老子–政治哲学–研究 Ⅳ. ①B223.15

中国版本图书馆CIP数据核字(2012)第301435号

仰望老子4——伦理学与政治学
Yangwang Laozi 4 —— Lunlixue yu Zhengzhixue

柯美淮 著

出版 · 发行： 中央广播电视大学出版社
电话： 营销中心 010-58840200　　总编室 010-68182524
网址： http://www.crtvup.com.cn
地址： 北京市海淀区西四环中路 45 号　　**邮编：** 100039
经销： 新华书店北京发行所

策划编辑： 徐媛媛　　**版式设计：** 徐小如
责任编辑： 蒋全龙　　**责任印制：** 吴勇强

印刷： 北京盛通印刷股份有限公司　　**印数：** 1~3000 册
版本： 2012 年 12 月第 1 版　　2014 年 1 月第 1 次印刷
开本： 787 × 1092　1/32　　**印张：** 8
字数： 140 千字

书号： ISBN 978-7-304-05815-9
定价： 32.00元

（如有缺页或倒装，本社负责退换）

纪念我善良的父母亲柯亨和、李朝清老人，纪念我善良的老师——【小学】邢治国、王兴炽（汉川人）、周光华；【中学】张松柏（黄梅人）、李宜权（监利人）、李宗俊（广州人）；【师范】廖百年（武汉人）、黄黎平(武汉人)等老人。

目录

第五章　老子体系的伦理学——人性论，善恶论

第六章　老子体系中的政治学——圣人之治，无为之治

第五章

老子体系的伦理学——人性论，善恶论

伦理学是哲学的主要成分之一，其地位在形而上学之下，在政治学之上。世界众多哲学体系除了老子体系、苏柏体系、释迦牟尼体系以及斯宾诺莎体系、黑格尔体系之外，都只停留在伦理学层面上。虽然也有对形而上学说了一些话，但也是当作伦理学原理的假设理论前提。所以百家千家哲学必言伦理学。特别是德国思想家，每个人都要独创出一个极端的伦理学体系来，说得天花乱坠、光怪陆离，令人眼花缭乱，将那伦理学的几条最简单的原理淹没了。现今中国的思想家们都是崇德主义者，一股脑儿地去“拿来”德国的乌七八糟的伦理学，把中国原有的伦理美德糟蹋得一塌糊涂。

苏格拉底是西方哲学第一个重视伦理学的人，并从伦理学现有的概念定义出发，去思辨伦理学原理的理论大前提，从而达到形而上学。老子是东方哲学第一个重视伦理学的人，写了《道德经》，有系统的伦理学体系。本书也十分重视伦理学，本章的论述目的，是使老子体系中那几条最简单的伦理学原理从现今伦理学的许多胡说八道中浮现出来。论述方法仍然是类比老子体系和苏柏体系的伦理学基本观点。

第一节

界定伦理学

“伦理学”这个概念，已被弄出许多名字，其性质和内容也被弄得面目全非。就中国现今思想界而言，常用的是伦理学和道德学这个名称。而道德学，一是被德国思想家康德、谢林、黑格尔等人弄得泛泛无边，含义晦涩；二是容易与老子的“道德”相混淆。老子的“道德”是两个词——道与德，不是现今意义上的双音词“道德”，所以本书不使用“道德学”这个名称。还有“人生观”“人学”这两个名称，人生观只是伦理学一个内容，人学太空泛，所以只从俗使用“伦理学”这个名称。

一、伦理的词义

希腊文“Ethios”和英文“Ethics”，原义都是符合风俗习惯的行为。在古汉语中，没有“伦理”这个双音词，也没有“伦理”这个词组。“伦”与“理”是两个词。《说文》：“伦，辈也。从人，仑声，一曰，道也。”《正韵》：“伦，常也。”

伦，还有多义。《现代汉语词典》：“伦理，指人与人相处的各种道德准则。”伦理：应取伦的古义

“辈”“常”，伦理，就是辈分之理，长久常用的有次序的道理。

二、伦理学定义

中国古代思想，有伦理学之实，而无伦理学之名。自从蔡元培先生写了《中国伦理学史》后，才有了伦理学之名，用来翻译希腊文“Ethios”和英文“Ethics”。

1.A.布洛克定义：“Ethics——伦理学，哲学的一个分类，研究道德，尤其是那些指导人们的行为并可对之评价的各种思想。它所特殊关心的是行为的正确与否，促进这些行为的动机的好坏，完成这些行为的人值得赞扬还是应该受谴责，这些行为所产生的后果的好坏，所有这一切意义及其证明，这些说法的理由。根本的一个问题在于道德的表达法，从语法上看来是否确实论述了真正的事实或虚伪的事实。如果像坚持自然主义谬误学说的人，尤其情绪派所认为的那样，它们并非论述了事实，那么道德的种种表述法又该如何被作为呼吁或命令来理解呢？如果它们确实论述了事实，那么它们是否像伦理学的自然主义派所主张的那样，是增进普遍幸福这类可以看得见的特征的经验性论述，抑或它们是先验的、伦理学理性主义的观点呢？还有一系列问题涉及道德概念彼此之间的关系。行为的正确是从好的效果当中推断出来的吗？动机的善良是从人行为的正确中推断出来的吗？其次，还存在着道德准则与别种准则加以区分的问题。这类区分是标志着涉及辨别诸如一般人类幸福这类道德训练目标的实际性质呢？还是说它是这些训诫本身的形式特征？最后有着条件问题，在怎样的条件下，道德判断才被正确应用于行为。要在道义上负责，要对过失有惩罚制裁的义务，行为者是否必须在某种意义上是自由的，即行为是无前因的，还是说他所做的不完全是制裁无法影响的因素所促成的这一点就足够了。”（《现代思潮辞典》）

布洛克在批判“终极价值”说时说：“哲学是一个终极价值的集合或体系。这种终极价值体系与其说与伦理学是同一的，倒不如说是伦理学的课题。理性地追求这样一种价值体系，必定要依赖于一种关于寻求价值的世界之本性的一般概念，即形而上学的目的。”

评：A.布洛克的定义，符合希腊文的原意，与苏格拉底有关伦理学的观点一致。这个定义，界定了伦理学的学术地位，界定了伦理学的内涵和外延，批判了自然主义、情绪主义和终极价值的谬误。这个定义的表达方法和术语对汉语读者来说不习惯，难以明白其含义。

2.蔡元培的界定：“伦理学与修身书之别。修身书，示人以实行道德之规范者也。民族之道德，本于其特具之性质，因有之条教，而成为习惯。虽有时亦为新学殊俗所转移，而非得主持风化者之承认，或多数人之信用，则不能驟入于修身书之中。此修身书之范围也。伦理学则不然，以研究学理为目的。各民族之特性及条教，皆为研究之资料，参伍而贯通之，以归纳于最高之观念，乃复由是而演绎之，以为种种之科条。其于一时之利害，多数人之背向，皆不必顾。盖伦理学者，知识之径途，而修身书者，则行为之标准也。持修身书之见解以治伦理学，常是为学识进步之障碍。故不可不区别之。”

评：蔡元培把伦理学与修身学（道德学）区分为两个不同范畴，把伦理学限于理论研究的范围，把修身学限于个人修身的行为范围。说伦理学不受民族习惯和人心向背的限制，修身必须具有民族性质和得到统治者和民俗的承认。这显然是不正确的。其一，不符合希腊文的原意。其二，理论与实践相分离而隔绝，伦理学原理不能指导人的修身行为，则成为玄谈；修身行为不受伦理学原理的指导，则人无革新的行为。其三，如果修身行为只求得到“主持风化者”（统治者）和原世俗多数人的承认，那么一切移风易俗就无从谈起，“修身书”实在是学识进步之障碍。

区分伦理学与修身学的理论并非蔡元培先生的发明，而是继承了德国人康德、黑格尔的理论。蔡元培先生的人格和智慧本在康德、黑格尔之上，却去拾人牙慧，实在是留学德国之误，令人叹息。

3.邬昆如的《哲学概念》有关伦理学的观点。巨著《哲学概念》里居然没有专列出“伦理学”，却别出心裁地列出“第二部形而上学第四章人学（人性论）”和“第三部价值哲学第二章伦理价值——善。从书目可见，完整的伦理学不见了，被分割为两个从属部分，一部分从属于形而上学，另一部分从属于价值哲学。从该书论述人学（人性论）的内容来看，是“一、人的结构；二、天人之际；三、万物之灵长”。属于创世论（宇宙论），并非是伦理学。在论述“伦理价值——善”时，只论述伦理的价值作用，把伦理学置于价值的范畴之内的从属部分。

这显然是错误的：其一，不符合希腊文原义，叫作词不达意。既然要使用“伦理”这个词，就不能不用它的词头。其二，违背了哲学定义中的三大成分原则。在成分上，伦理学与形而上学、认识论是并列的三大独立成分，《哲学概念》舍弃了伦理学，就是缺失，就要重新定义哲学，推翻哲学渊源上的理论观点，将面临着极大的理论挑战。其三，如上文布洛克所说，这是一种“终极价值”的“谬误学说”，颠倒了伦理学与价值学的主属关系。

4.我对伦理学的界定。我的界定依据是苏柏体系伦理学理论。

第一种表述方法：伦理学，是从定义习惯风俗的常理为概念（理念），从理念到理念去思辨出形而上学的至善理念，从而建立指导每个人以及社会、国家行善的哲学理论。

第二种表述方法：伦理学，是以形而上学的至善理念为标准衡量已有的指导每个人以及社会、国家的习惯风俗的常理是否是善的，从而建立善道德的哲学理论。

第三种表述方法：伦理学，是以形而上学的不变的善理念为理论前提，批判不善的习惯风俗的传统道德理论，从而演绎出善道德的哲学理论。

这三种表述方法有所不同，但所表述的内容是相同的，界定了伦理学的对象、范畴、地位、性质、实用价值。

三、伦理学的对象、范畴、地位、性质、实用价值

（一）伦理学的对象

伦理学的对象，是指伦理学所讨论的内容。既然定义为伦理学，那就要符合伦理一词的原意——习惯风俗。如果论述伦理学内容，丢弃了习惯风俗这个原义，那就是名不副实或文不对题，就不叫伦理学。伦理学研究内容就是习惯风俗和传统道德理论是善的还是恶的，从而继承善的习惯风俗和清除恶的习惯风俗。习惯风俗的内容有：个人习惯、社会风尚、国家传统制度。苏格拉底说："你不要

以为政治制度是从木头里或石头里产生出来的。不是的，政治制度是从城邦公民的习惯中产生出来的；习惯的取向决定其他一切的方向。”（《理想国》）可见习惯风俗和传统道德理论的重要性和顽强力量。在形而上学中，只有善，没有恶；在伦理学中，则有善有恶，因为习惯风俗是人为的。人为的东西，有符合自然的，也有不符合自然的。从形而上学的善演绎出来的就是善的，违背形而上学的善就是不善的——恶。习惯风俗中有许多恶，可是有的伦理学家把这种恶说成是善的，所以，在伦理学范畴中出现了不同的善恶标准，即苏格拉底所说的有真智慧和伪智慧。苏格拉底的一生就是侦察伪智慧，侦察伪智慧是哲学家的历史使命。善恶论就成了伦理学的主要内容。

（二）伦理学的范畴、地位

伦理学的研究对象决定了伦理学的哲学范畴和地位：在形而上学之下和在政治学之上。相对形而上学而言，形而上学是本、是体，伦理学是末、是用。相对政治学而言，伦理学是本、是体，政治学是末、是用。伦理学的道德理论是从形而上学的原理演绎出来的，伦理学的道德理论又演绎出政治学理论。

（三）伦理学的性质

形而上学的善本身的原理具有稳定性、永久性、绝对性，作为形而上学原理之末之用的伦理学的道德理论——

习惯风俗，随着个人境况、社会状况的变化而变化，所以习惯风俗和道德理论就具有不稳定性、历史时间性、民族性、相对性。苏格拉底把伦理学观点称为意见或信念，不称为原理或理念。所以，没有什么“道德律令”“道德谱系”之类的东西，也不是带强制性的权利义务。

（四）伦理学的实用

伦理学的道德理论或习惯风俗是指导人的行为的，具有直接的实用价值。它是个人修身和做事的指导思想，是社会共同行动的指导思想，是建立或废除政治制度的指导思想。所以，实用价值是伦理学的重要课题。伦理学理论不是玄学，不是冷冰冰的理性主义。

第二节

简介苏柏体系的伦理学理论

弗兰克纳在《伦理学》中说："伦理学是哲学的一个分支；它是道德哲学，或者关于道德、道德问题和道德判断的哲学思考，这种哲学思考包含什么，这已经在《克力同篇》和《申辩篇》中，由苏格拉底所进行的那种思考活动加以说明，并由我们对它的假设所补充了。"苏柏体系是十分重视伦理学的。苏格拉底就是从定义善品质去探索形而上学的善本身。在《柏拉图》全集中，伦理学内容占去了三分之一。亚里士多德写了三本《伦理学》。苏格拉底在《理想国》里说："制度是由习惯产生的，不能是由别的产生的。""如果有五种政治制度就应有五种个人心灵。""我们先来考查国家制度中的道德品质，然后再来考查个人的道德品质，因为国家的品质比个人的品质容易看得清楚。"亚里士多德说："道德的基本问题，不是我应当做什么，而是我应当是什么样的人。"（《伦理学》）

一、苏柏体系伦理学研究对象或主要内容

1.国家的道德品质（社会风俗）。2.个人道德品质

（个人心灵和习惯）。3.产生那些道德品质的原因和理念。4.用善理念定义四种基本的道德品质：正义、智慧、勇敢、节制。

二、苏柏体系伦理学的范畴和地位

在善理念之下和政治学之上，是善理念之用，是政治制度之体。

三、苏柏体系伦理学的性质

1.凡是能被定义的四种基本品质，都是善理念范畴内的，是不变的、永久的。

2.凡是习惯风俗和日常实用的道德规则，都是灵活多样的、多变的，是信念或意见。

四、苏柏体系伦理学的实用价值

1.制定道德规范，有利于保持善心和善行。

2.适应社会变化，移风易俗。

3.指导个人修善德，指导建设和维护正义的国家。

4.达到善行发自善心，具有善的真情的境界。

5.追求善品质，不追求成功效果，因为成功效果是受多种条件制约的。

6.坚持感化使人“信服”的道德原则，不实行强制的

"说服"和"洗脑"的法律、律令方式。

关于苏柏体系的具体论述内容，此处不集中摘录，在后文论述老子体系的伦理学中分别引用。

第三节

老子体系伦理学的“上善”论

在前文已述伦理学的原理是以形而上学的原理为理论前提的，所以，老子的伦理学的善论也是以形而上学的“上善”论为理论前提的，反过来说，“上善”论也是伦理学的“善论”的部分内容，是形而上学与伦理学的内在联系。

“上善”论已在上文大道论（五）中有论述，本节只就有关伦理学内容略述一二。

一、《道德经》的“善”

《道德经》里有41个“善”字，字数仅次于“道”和“德”。41个“善”字都作名词或形容词“好”用，不作“善于”用。例如，“居善地”，作“居处在好的地方”解，不作“居处善于选择地方”（陈鼓应）解。“善行者无辙迹”，作“善良的行为不会留下名声的迹象”解，不作“善于行走的不留下痕迹”（陈鼓应）解。

可见，伦理学在老子体系里的重要性，“善”在伦理学里的重要性。

二、“上善”是一切善的母体

“上善”在大道造物中，善化了天地、万物和人，把善性“与”（赋予）了天地、万物和人。善性中的“有欲”，一方面使天地、万物和人具有“必要的欲望”（苏氏语），另一方面又使天地、万物和人具有“自忕”的主动的自然智慧，能“自化”、“欲作”。善性中的“无欲”，是一种“阗之以朴”的节制智慧，要万物和人遵循善道的“无为”去自化和欲作，如果万物和人“不知常，妄作”，善道就“阗之以无名之朴”，使“万物尊道而贵德”，使“天地将自正”。“上善治水”，“水善”是天地、万物和人的善的代表，“上善”是水善的处所，也就是一切善的处所，就是说“上善”是一种善的出处，也是一切善的归宿处。

以上论述证明：“上善”是善本身，是一切善的母体。

三、自然界有善无恶——无自然灾害论

大道“上善”赋予天地、万物和人只有善性，而无恶性。反过来说，天地、万物和人获得的只有善性而无恶性。作为自然人，与天地、万物同善。“道法自然”，自然的就是善的、美的、和谐的。下面用科学成果的事实来论证。

例证一：自然的沙尘暴不是天灾。科学研究成果表

明：沙尘暴从发源地刮起，携带了二价铁，经过万里远行后变成三价铁，落到了海洋。三价铁是产生和维持海洋微生物的原料，微生物是整个生物圈的基础生物，维持着整个生物圈的存在。如果没有沙尘暴，就没有微生物；没有微生物，也就没有其他生物；没有其他生物，也就没有人类。人类与生物、微生物、沙尘暴是自然和谐的关系，所以，沙尘暴对生物和人类不是天灾，而是天利："天之道，利而不害"。但是，人为的沙尘暴却是灾害。人类为了目前的物质生活奢求，去大量开垦草原，扩大沙漠面积，破坏自然的沙尘暴秩序，增加沙尘暴的次数，落到海洋的三价铁过量，而有"馀食赘行"，就成了微生物的灾害，就反过来破坏了整个生物圈的和谐平衡关系，人类不仅直接受到沙尘暴的灾害，而且间接受害。这不是自然天灾，而是人为祸害："人之道，损不足以奉有余"。

例证二：火山爆发不是天灾。科学成果证明：火山爆发是创造山河的原因之一。有了高山、大河、高原、平原、海洋，才有蓝天白云，阳光明媚，才有绿水青山，才有海洋、森林、草原，才有微生物、动物，才有人类。火山爆发，说明地球是活的，地面上的一切生命能继续存在。如果没有火山爆发，地球就死了，地面上的一切生命不存在了，人类也就不存在了。人与生物与火山自然的关系和谐。但是，人为的火焰是灾害。人类为了求得眼前利益，放火烧山和燃烧排放气体，一方面毁灭了植物动物，另一面增加了空气中的二氧化碳含量，破坏了大气层各种物质的比例含量，使人类处在一个恶劣的自然环境中，加速了人类末日的到来，这才是人为的祸害。

还有许多科学成果证明：就整体而言，自然界有善无恶。所以老子说："天之道，利而不害。""天之道，损有余而补不足。人之道，则不然，损不足以奉有余。"

为什么人们有"天灾"说呢？这有三方面原因：一是人追求眼前的"欲"，"不知常，妄；妄作，凶"。而天道不允许，要"阗之以无名之朴"，所以人认为有妨碍自己实现"可欲"的"天灾"。二是人们的错觉，不能从整体的自然和谐去认识自然现象，只从局部利益去看到自然现象给人造成的局部损害。三是受"人为万物尺度"和"人本主义""自我中心论"谬误学说的影响，认为人应该主宰自然万物，自然万物应该为人服务。这也是一种"不知常，妄；妄作，凶"的人类的错误认识和行为。

第四节

老子伦理学的人性论（人心论）

述说人自身的本性和善行为是《道德经》的主要内容。但用“人性论”去解说这些内容是不大准确的。《道德经》里通篇没有“性”字，只有心、命、善、德、朴……如果用“人心论”去解老是可以的。但“心学”被儒生陆九渊和王阳明窃去了，用儒家“心学”去解老则适得其反。如果用“命论”去解老也可以，但“命论”容易与方术的“算命学”相混淆，老子是破除方术、巫术的。关于“性”字，《中庸》说：“命者，性之谓也。”儒家的“命”是“天命”“人命”“性命”“命运”的混合物，具有人的意志情感，不是老子的“命”。汉儒说“性三品”（《春秋繁露》）。唐儒李翔写了《复性论》。自从“独尊儒术”后，儒家的术语就成了中国学界的习惯语，“性”字也是习惯语了。五四时期，有人用“人性论”去翻译休谟的一本书名，叫《人性论》。其实休谟的《人性论》根本不是谈“人性”。中国学界却崇拜起休谟来，“人性论”成了中国哲学界的一个著名的哲学概念，到处乱用。《现代汉语词典》因此来解释“人性”和“人性论”：“人性：1.在一定的社会制度和一定的历史条件下形成的人的本性。2.人所具有的正常的感情和理性。”“人性论：一种主张人具有天生的固定不变的共同本性的观点”。显然这种解释是不能自圆其说的。本书不想用“人性论”，但不得不用，其原因有二：其一，《庄子》里有“性”“真性”等词，尽管有人考证《庄子》中的“性”是儒生仿造添加的；其二，人性论已是中国学界的习惯语，写书人只好从俗——约定俗成。

一、界定老子的人性论

人性论的核心理论仍然是“我是谁”，主要内容是个人与社会的关系。

（一）关于“我是谁”的几种著名的典型观点

1.社会关系的我

（1）亚里士多德与孔子观点的对比

持这种观点的人，在西方最早的是亚里士多德。他有几句被后人经常引用的名言：“从本质上讲，人是一种政治社会里的动物。”“城邦共同体的一分子，又是理性动物。”在中国，最早的是孔子，他也有几句被后来儒生经常引用的经典话：“仁者，人也。”“仁者，爱人也。”“己所不欲，勿施于人。”“君子和而不同，小人同而不和”。这两人共同的观点是：把人性定位在政治社会里。所不同的是，亚里士多德所定位的社会是古希腊雅典城邦民主制，孔子所定位的社会是古中国的帝王专制。因此，1.在亚里士多德那里，人是公民，是平等参与社会活动的政治动物，而不能像动物那样受他人“训练”，每个人仍然保持着自然权利潜能、智慧，具有“自我性”，而个人的自然权利潜能、智慧，即“自我”，只能在平等参与社会活动中才能得以实现。在这种社会情况中，人又是理性动物，是有灵魂的。这就是“人是政治社会动物”的本义。至于亚里士多德歧视奴隶和女人，那又是一说，此处不议。2.在孔子那里，人是“仁”，“仁”是“爱人”，人分为君子和小人，“爱人”是爱君子，忠君主。人生不能平等参与政治社会活动，“有君子治小人，无有小人治人”“劳心者治人，劳力者治于人”。人都被定格在不同等级的“三纲五常”里，各人都要安分守己地在自己的等级地位上，不得“僭越”等级。君主、君子都以“己欲”为尺度来衡量他人的所需所施。在这种状态中，权利、潜能、智慧的实现，个性、自由、平等、民主被“三纲五常”这块又大又厚的人为的理性坚冰封冻住，每个人都失去了“自我”以及天赋的自然权利。

（2）德国思想家歪曲亚里士多德观点的人性论

黑格尔说：“我们在精神中找到了我们真正的身份。”“当精神生活被如此强调和加强时，个体就相应地变成无关紧要的东西……个体必须忘掉他自己。”这里的

"精神"是黑格尔发明的产生宇宙的"对立统一"的"绝对精神"，落实到政治社会里来，是君主的绝对意志。

马克思对这种"精神"解释说："从本质上讲，我们都是社会性的存在，我们只能在一个特定类型的社会中，才能获得自己的身份。"马丁·海德格尔继续解释说："从本质上讲，我们都是共同体，正是在这个共同体中，我们学会了怎样成为一个个体，怎样成为一'本真'的。"他们都学着亚里士多德的口令"从本质上讲"，但是他们所讲的都不是亚里士多德那个"社会关系的我"，而是另一种"社会关系的我"。黑格尔讲的是君主绝对意志"社会关系的我"，马克思讲的是阶级斗争和无产阶级专政"社会关系的我"，海德格尔讲的是回到农村家长制的"社会关系的我"，那些"社会关系的我"是"无此人"的，没有"自我"。他们所讲的那种"社会关系的我"，实际上与孔子所讲的帝王专制"社会关系的我"是同一商品，是君臣关系的我，是官民关系的我，是阶级关系的我，是专政党与党员关系的我，我随时要为忠君去死，要为政党的革命事业去牺牲生命，要为实现元首、领袖的意志去丧身……一句话，我是专制政权那个庞大机器身上的一颗螺丝钉，一个驯服工具。

2."感觉论的自我"。休谟说："没有什么自我。任何时候，我总不能抓住一个没有知觉的自我，而且除知觉外，我也不能观察到任何事物。”休谟所批判的是笛卡儿的“思想的自我”和洛克的“意识的自我”。德国人黑塞的结论更惊人：“自我，不是每一个人都有一个自我，而每个人都有众多的自我。在不同的情况下，我们可能有不同的自我。”“人是一个葱头，存在是一层一层的皮，当剥到最后一层时那就一无所有了，没有核，没有心，没有灵魂，所谓的自我根本不存在。”这种论调，只承认肉体能感觉到的自我，不承认有灵魂的自我。这种论调，肤浅到不堪一击。就说那能感觉的肉体的自我，是实实在在地能感觉到的。“这个自我”，虽然在成长中发生变化，但与“那个自我”是有不同特征的。亿万个个人就有亿万个不同的自我，连孪生兄弟也有不同的地方。葱头之喻是比附荒唐。至于那“思想的自我”“意识的自我”“灵魂的自我”，不是休谟、黑塞之辈所能理解和思议的。其实，休谟、黑塞的“感觉的自我”是德国人的“社会关系的自我”的孪生兄弟。

3.“唯我论的自我”。即极端的个人中心论，又称自我中心主义，它是德国思想家的又一个病态发明。尼采说：“看别人受苦使人快乐，给别人制造痛苦，使人更加快乐——这是一句严酷的话，但也是一个古老的、强有力的、人性的而又太人性的主题……没有残酷应没有庆贺——人类最古老、最悠久的历史如此教诲我们——而且就连惩罚中也带着那么多的喜庆！”萨特说：“一个人的获得导致另一个人的损失，一个人的自我认同是独立于或相反于另一个人的得到而规定的。”“他人，就外在于这种对自我的创造，或者创造自我的工具或尚得加工的材料，或者是创造自我的障碍。”“在男女关系中，这种相互干涉和对抗达到了顶峰，性乃至爱都只不过是男女双方为实现各自的自我而进行竞争的武器。”

这是多么吓人的“自我”啊！令所有弱者心惊肉跳，让所有善良人义愤填膺。这使人想起墨索里尼和希特勒的“用他们的鲜血来思考”，在我们的面前展现出这样的一些画面：一群地痞流氓挥刀在乱砍一个文弱书生，一群忠于领袖的狂热的红卫兵学生在殴打一位善良的教师，一个丈夫在大笑着、用烟头去烫妻子的奶头，一个酷吏在饮酒、欣赏着受刑人的扭曲面孔和痛苦的呻吟声……这种“唯我论”，实践起来，必然会出现尼采式的超人权力社会。所以，这种“唯我论”的“自我”是黑格尔、海德格尔的“社会关系的我”的另一种极端表述，没有什么新意。

4.科学主义的自我。这种主义，用神经学认知科学和计算机科学来争论“我是谁”——心身问题。出现了行为主义，同一性理论，功能主义。行为主义，否认灵魂的存在，从人的身体行为去研究人的神经活动，如弗洛伊德的“精神分析学”。同一性理论，也是一种神经学，认为精神事件（如疼痛）和大脑过程是同一种东西。功能主义，认为大脑之所以特殊，是因为它是如此奇妙的一台机器或硬件。这些主义采用自然科学理论来分析“我”的心与身，是二分法，是解剖法，割裂心与身，只停留在感觉经验认识的层面上，没有上升到理性认识的层面上，是找不到“真我”“本我”的，“科学并不万能。”

还有许多回答“我是谁”的理论。为什么把“我是谁”的问题弄得如此错综复杂而模糊不清呢？这大概有两个原因：一是现代科学发展物欲横流，社会关系复杂化，政治多元化，人们生活节奏快速化，使人们急功近利，远离佛性（道，至善理念），见事说事，就事论事，全不顾那个产生宇宙万物的本体。二是理论家本人利欲熏心，智商低下，急于去求这个利那个名，并不深究，想到一点，就去投合现政权的所需和一群人的心欲心态，写出论文来，引起一时的轰动效应，让自己的书畅销赢利，让自己成名。这正如给某人画人头像，绘画艺术高的画家几笔勾勒出来，线条清晰简明，头像逼真惟妙；而蹩脚的画家则画得不像，就别出心裁，乱写乱抹，写上某人的名字，不给他本人看，而给好奇心强、涉世不深的青年学生看，使之产生神秘莫测的感觉，引起轰动效应。

对于那些蹩脚的哲学家关于“自我”的胡说八道，美国哲学家罗伯特·所罗门用一小段入木三分的话予以揭露：

“无论从前面的何种意义上来说，对自我之拒斥，都不仅仅是个哲学花招，它很快就成了一种生活方式。这些哲学花招，不仅在危害哲学，而且在危害人类文明生活。”

老子的人性论不同于上面的“人性论”，是个人高于社会，自然性高于社会性；人的自然性，本身又具有自然节制功能，节制“可欲”（“不必要的欲望”）。

（二）老子人性论的范畴

老子人性论属于老子伦理学范畴，上承“上善”论，下启“善恶”论，是讲述人的自然本性的。这种人性论认为：人的自然本性才是本，是体，人的感觉性和社会性是末，是用。这就与所有把人的感觉性和人的社会性当作人性的人性论划清了界限。

（三）老子人性论的研究对象

如上文所述，老子的人性论是专门述说人的自然本性的，而把人性的来源放到形而上学的“上善”论中去，把人的感觉性、社会性以及行为放到下层的“善恶论”中去，并不混为一处来说。如果混为一处来说，就犯了表达方式的大忌：缠绕重复。

什么是人的自然本性呢?

首先要弄清老子的“自然”。老子的“自然”与古希腊语“physis”一词的意义基本相同，有三层意义：第一层，自然物，人是自然物之一；第二层，与人为相对应，不是人为的，凡人为的都不是自然的，人不可能造自然；第三层，超越自然物——自然界的“道法自然”的自然，用释迦牟尼的话来说是：“法如是尔。”人不但不能为，而且不能感觉到，只能领悟到“自然而然”。

再来看“本性”。本性，即本来之性，原初性，“真性”（庄子语）。

人的自然本性，就是人的自然而然的原初性、天性、真性，不含有后天感染性。

虽然人的自然本性是看不见、摸不着、超感觉的天性，但它必有表现形态，这个表现形态就是人的肉体。人的肉体也是一种结构精巧的自然体。人的自然本性就与人的自然肉体融合为活人的生命体。如果人的自然本性不与人的自然肉体在一起就是一种普遍的道性，不能称为人的自然本性。所以研究人的自然本性就要研究人这个生命体。

人的生命体是有生有灭的，这就要研究人的自然本性来于何处，又回到何处。

这样，老子的人性论就有了三个研究对象或三个内容：“营魄抱一”论、“人性本善”论、“复命”论。

这里引用郑开的《道家形而上学研究》的话来概括。

郑开说：“道家主张自然人性论，却没有止步于自然人性论，而是借助于无为心性论丰富和充实自己的理论，并把它提升为超然物外、精神逍遥的境界理论。”说得何其精确、正确啊！

二、人体“营魄抱一”论——灵与肉

“营魄抱一”的问题在上文第四章第四节德论中已有论述，而人体中的灵与肉问题是伦理学的基本命题，本节不得不从伦理学范畴内再作论述。

（一）西方哲学关于“灵与肉”的几种典型论述

人体的灵与肉的哲学命题，实际上是“我是谁”的命题，这个命题如同“上帝是谁”一样，是一个伪命题，根本无法论证，无法回答，一论证就荒谬，一回答就错。只能用人的自然智慧去领悟。可是，西方哲学自从苏柏体系起直到现今，却热衷于论证“灵与肉的关系”，去解说“我是谁”。至今没有一种解说是正确的。这里举出几种典型论述。

1.苏柏体系的灵与肉的论述。《蒂迈欧篇》认为，在人体中，灵魂是主宰，身躯是影子，一个人的灵魂可以轮回，寄托在不同的肉体上。这种观点显然不重视肉体，必然导致轻视生命和宿命论、禁欲主义。从这种观点演绎出来的斯多亚主义、犬儒学派，就是宿命论、禁欲主义。塞涅卡有禁欲道德。第欧根尼折磨肉体，把自己关在一个大木桶里，过厌世的生活。

2.笛卡儿的“灵与肉”观点。笛卡儿认为，心灵和身体是两个不同的实体，不能发生相互作用。（《形而上学的沉思》）心灵在没有一个身体的情况下存在，身体可以在没有心灵的情况下存在，比如尸体。两者是什么关系，笛卡儿从来没有说清楚。（罗伯特语）

3.莱布尼兹的“灵与肉”观点，莱布尼兹认为，心灵与身体是同一盒磁带上的两个分立的“声道”，像是因果相关一样完美地相互协调。（《单子论》）

4.斯宾诺莎的“灵与肉”观点。他认为，心灵和身体是同一实体的不同的两方面——两个不同属性——“两面论”，并非是两个不同的实体。精神事件和物理事件实际上是相同的。（《神、人及其幸福简论》）

5.经验论者的“灵与肉”的观点。休谟说：“任何时候，我总不能抓住一个没有知觉的我自己，而且除了知觉之外，我也不能观察到任何事物。”（《人性论》）完全否定灵魂甚至意识的存在，只有肉体感官的存在。

6.唯物无神论者的“灵与肉”观点。物质第一，精神第二，自我只有肉体是真实的，意识只是肉体的反映作用，是附属物。所谓精神，只不过是肉体中的神经活动。无所谓灵魂的存在。

以上关于“灵与肉”的问题，有一种是正确的吗？显然没有，用不着一一去评判。1、2、3、4种承认有“灵与肉”，却分开来了，但“灵与肉”是不能“分离”的。5、6两种，根本不承认有灵魂存在。相比之下，老子的“营魄抱一”是唯一的正确认识。

（二）“营魄抱一”论

第十章云：“载营魄抱一，能毋离乎？抟气致柔，能婴儿乎？”第四十二章云：“道生一，一生二，二生三，三生万物，万物负阴而抱阳，中气以为和。”第五十五章云：“含德之厚者，比于赤子……骨弱筋柔而捉固，未知牝牡之会，而精怒，精之至也。终日号而不忧，和之至也。”第二十八章云：“……恒德不貣，复归于无极。朴，散则为器，圣人用之则为官长，夫大制，无割。”第十四章云：“视之而弗见，名之曰微；听之而弗闻，名之曰希；揢之而弗得，名之曰夷。三者不可至计，故圂而为一。一者，其上不攸，其下不忽。寻寻呵，不可名也，复归于无物，是谓无状之状，无物之象，是谓忽望；随而不见其后，迎而不见其首。执今之道，以御今之有，以知古始，是谓道纪。”第二十一章云：“孔德之容，唯道是从。道之物，唯望唯忽。忽呵，望呵，中有象呵。望呵，忽呵，中有物呵。幽呵，呜呵，中有请也；其请甚真，其中有信。自今及古，其名不去，以顺众父。吾何以知众父之然，以此。”

从以上引文，可以进行如下的论述。

以上引文，全是描述性文字，没有经验的科学的论证，是非科学的。在老子看来，“我是一个小宇宙”，认识自我——一个人体生命，就与认识宇宙一样，凭感觉经验和科学实验是不行的，只能凭悟性；说道时，只能采用描述方式，不能采用论证方式。这就是老子智慧高人一筹的表现。

1.“营魄”是什么？营魄就是“营身”与“灵魂”，即肉体与灵魂，灵魂与肉体“抱一”了，就是生命体。

2.“营魄”体来自何处？营魄来自大道造物者：“负阴而抱阳，中气而为和”的阴阳二气和合。这“阴阳”二气，既是“一生二”的阴阳二气，又是父精母血的阴阳二气。这里的阴阳二气，在“一生二”中，并非是“1+1=2”的“阴+阳=阴阳”的阴阳二气，而是无法分离的“束而为一”的一团和气。在“父精母血”中，也并非是“父阳+母阴”的阴阳二气，而是父精中有阴阳，母血中也有阴阳，合在一处也是阴阳，不可分开言说，又不得不分开言说。老子的“阴阳”，不是后来儒家、道教、方术的一分为二或“合二而一”的阴阳，如天阳地阴，男阳女阴之类。这种阴阳二气中和后就成了“营魄抱一”的生命体，“精之至”和“和之至”了，就是人的生命体。

3.何谓“抱”？《说文》：“抱，引取也。”《正韵》：“抱，怀也。”《诗·大雅》：“亦既抱子。”“抱子”是怀上了子女。“抱一”，是怀一。“营魄抱一”的“抱一”，就是“抱朴”，抱一个纯朴的“一”，“营魄”和合后本身就是“一”，或说融汇为一，并非一物去拥抱另一物。

4.何谓“一”？在前文第四章第三节“一”论中已有论述。这个“一”是大道“一”，是“微”“希”“夷”三种玄妙的不可感觉到三种性质“束而为一”，是一个不可分解为二、三、多的生命体中的“一”。这个“一”，不是由部分组成的整体，也不是“对立的统一”的“统一”体。这个“一”，不是感觉经验和科学实验中的“一”，是不能用感觉经验和科学实验去论证的，只能感悟到它的存在，要言说它，只能描述，它就是那样自然而然地浑然一体的真实存在。

5.何谓“离”？《说文解字》:“離，黄仓庚也，鸣则蚕生。”黄仓庚，即布谷鸟，布谷鸟鸣叫的不就是“营”与“魂”抱一的生命现象吗？一个生命体的肉与灵，你不能说一个手指只是骨肉，而没有灵魂；你不能相信蒂迈欧说的在人体中的灵魂被分割成许多部分，“头颅灵魂”是最高的，其他部分只有次等的感觉灵魂，指甲和毛发没有灵魂。灵魂和肉体是“和之至”的有机体，不可分开来。灵魂虽然不可见到，但身体是灵魂的呈现状态，神经最能呈现灵魂的存在。你不能说灵魂是主宰，身体是影子。在一个“营魄抱一”体中，灵魂和肉体同等重要，不可分出主次。如果失去灵魂，那个人的身体就是死尸，会腐化不见了。如果失去身体，那人不用说失去灵魂，已经根本不存在了。这个“营魄抱一”体的人，是具有许多特殊条件的生命体，一旦失去了这些“特殊”，也就不成为“这个”人了。所以，对于一个具体的人来说，他的“营魄抱一”体是一个生命体，不是一个机械整体，是不可分割的。因此，这个具体的人只有今世，而无前世和后世，不能轮回。但是，人的生命体是有生有灭的，当人死后，灵魂与肉体就分离了。灵魂复归于朴，复归于无极；肉体也消散了，“物质不灭”，去和合成另一种形体去了。

由上述可见，老子的“营魄抱一”论根本不存在“灵与肉的关系”这个课题，“营魄抱一”论，不是在论证“灵与肉的关系”，而是在描述一个玄妙精巧、抟气致柔，混沌为一的生命体的状态。“灵与肉的关系”是一个伪命题，无法用科学和逻辑来论证。厌烦了西方哲学有关“灵与肉的关系”的无休止的论证和争论，来谈老子“营魄抱一”论，实在令人耳目一新、茅塞顿开，来到了一片阳光明媚、空气新鲜的自然的理论新天地。

三、“人性本善”论

第八章云：“居善地，心善渊，予善信，正善治，事善能，踵善时”。第八十一章云：“天道无亲，恒与善人”。第四十九章云：“圣人恒无心，以百姓之心为心。善者善之，不善者亦善之，德善也。信者信之，不信者亦信之，德信也。”第二章云：“天下皆知美为美，恶已；皆知善，訾不善矣。”第三十七章云：“道恒无名，侯王若能守之，万物将自怮。怮而欲作，将阗之以无名之朴。阗之以无名之朴，夫亦将智足，智以束，万物将自定。”

这些文字都是在说人的本性善，人性充满善；人心皆善，人心向善。人性本善的“善”，是从大道“上善”那里获得的自然而然的善性。这种善性是“德善”，是朴，是素，是纯善，是天性，是“真性”（庄子语）”，是婴儿心、赤子心、“童心”（李贽语）、“本心”。

这种朴素的善性具有两个特性（内容）：与生俱来的善心和自然智慧。其一，善心。是“见素抱朴，少私寡欲”的婴儿心，是天下人皆知的善。其二，自然智慧。是“万物将自怮”的“自怮”智慧。这种“自怮”智慧是要“怮而欲作”的——自动发挥出来的。“怮而欲作”的智慧表现在四个方面：一是求生欲望和生存本能，这是“有欲”——“必要欲望”（苏氏语）的智慧和力量的显现。二是模仿力和创造力，这是“无为而无不为”的“无为”智慧和能力。三是悟道智慧，这是“自知者，明也”、“知不知”的“无知”智慧。四是“阗之以无名之朴”的理智节制智慧和能力，是“万物将自定”，“民自正”“自均”“知足不辱”的智慧和能力。

人性本善，就是人人都有与生俱来的善心和自然智慧。这是老子伦理学的一个最基本的原理，也是做人做事和衡量善与不善、美与丑的唯一道德标准。

在老子体系里，“善”是跨范畴的，既有大道“上善”——形而上学的善，又有自然的“善”，天地万物的善，还有伦理学的“善”——人性本善。老子只对“善”作了描述，没有作论证（证明）。这如亚里士多德的观点一致。英国人摩尔在《伦理学原理》里说：“善是单纯的，不可分析的概念”，“善就是善”，“善不能被定义”，“是不证自明的”。凡是用自然的对象或形而上的性质与存在来定义“善”，就是“自然主义的谬误”。

老子的人性本善与苏柏体系的观点是基本相同的。苏格拉底说：“善理念是最大的知识问题，关于正义等知识只有从它演绎出来，才是有用和有益的。”“没有一个人在知道善之前能足够知道正义和美。”“每一个灵魂都在追求善，都把它作为自己全部行动的目标。”亚里士多德说：“一件事物之美善，可以从三方面而言之：第一，本身为善；第二，其所具有之某种性质为善；第三，与其他事物之某种关系为善。”

老子的人性本善与儒家的人性善划清了界限。儒家的人性善：其一，是指一部分圣人、君子的人性善，而小人、女人的人性不善。孔子曰："惟上智与下愚不移"，人有"生而知之，学而知之，困而不知"，"小人不仁"。其二，儒家人性善的内容是仁义。孟子说："生，亦我所欲也；义，亦我所欲也。二者不可得兼，舍生而取义者也。所欲有甚于生者，故不为苟得也。死亦我所恶，所恶有甚于死者，故患有所不避也。……是故所欲有甚于生者，所恶有甚于死者，非独贤者有是心也，人皆有之，贤者能勿丧耳。""人皆有恻隐之心也。"

可见，儒家创始人对人性之"善"的论述是混乱的，这是孔子、孟子没有悟道的原因。概括起来说，儒学的人性之"善"是：其一，不是人天生的自然本性之"善"，而人为的"仁义"之善。"仁义"并非人天生具有的，是孔子、孟子人为地植入的。其二，所谓"生而知之""上智""人皆有恻隐之心"，都是圣贤天生知"仁义之心"。在此处，虽然孟子比孔子智慧高些，说"人皆有之"，也只是人有"仁义之心"，"恻隐之心"就是"仁义之心"的"四端"之一，最多也只是一种怜悯之心、同情之心，并非老子的"人性本善"的"善心"。其三，轻视生命，把"仁义"看得比生命更重要。这在后文"贵身论"中有论述。

老子的人性本善，还与一些关于"善"的中西方伦理观点划清了界限，如：人性本恶，人性有善有恶，人性无善无恶，等等，这里不一一评述了。

四、“复命”论——灵魂不朽，身形有生有灭

上文所述的“营魄抱一”论、“人性本善”论，说的都是一个人活着时的天生本性和状况。“复命”论是说一个人死后的灵魂和身体的状态。

人是被生物，是有生有灭的，没有什么“长生不老”“万岁、万万岁”“万寿无疆”。秦始皇妄想“长生不老”“万期无疆”，不是只活到中年就死了吗？“老佛爷”慈禧是妄想“万寿无疆”，不也是只活到老年就死了吗？那么死到哪里去了呢？

老子云：“希言自然。飘风不冬（终）朝，暴雨不冬日，孰为此？天地。而弗能久有兄乎人乎？故从事而道者，同于道，德者同于德，失者同于失。同于德者，道亦德之。同于失者，道亦失之（二十四章）。”“万物旁作，吾观其复也。天物云云，各复归于其根。归根曰静，静是胃复命。复命，常也。知常，明。不知常，妄。妄作，凶。”（十六章）“恒德不鸡，复归婴儿。……恒德乃足，复归于（木屋）。……恒德不貣，复归于无极。”（二十八章）“玄德深美，远矣，与物反矣，乃至大顺。”（六十五章）

老子的这些话是在告诉人们一些死亡的道理。其一，作为一个人是被生的生命体，有生有灭，死亡是自然现象，不可抗拒，也不可畏惧。一个人的生命相比起天地来更是短暂，即是人类也有末日，那末日在天地灭亡之前。其二，人要“知常”而“复命”，自然而生，自然而死。不可“不知常”，去妄想“长生不老”，妄想“长生不老”，反而“凶”，自然生命期更短暂。其三，一个人的一生是遵循着大道德化循环运动规则的，是一个从婴儿到童年到青年到中年到老年的小循环生命运动。“复归于婴儿”，是指虽然身体不能“返老还童”，但是灵魂却“返老还童”了。婴儿是“恒德乃足”的，是朴素纯善的。人到了老年，就成了“老团”。不仅身体像婴儿那样要人服侍，而且精神也逐渐恢复到婴儿时期。回首人生，一切淡漠了，有后悔，有内疚，有自责，有无悔，有无愧，有值得。越是接近死亡，那善心越是在复原。即便是大恶人，在临死前的一刻也感到人生如梦，一切皆空。其四，什么是死？死就是一个人的“营魄抱一”的灵魂和肉体都消散了，再也永远不能复原了，妄想来世再有这个特殊的“营魄抱一”的生命体，那是不可能的，那是“不知常，妄”。其五，死到哪里去了？死后，那个特殊的个体的灵魂和肉体都消散到大道德化运动中去了。灵魂并没有死，灵魂是不朽的；组成原来形体的物质也没有死，物质是不灭的。灵魂和肉体都“复命”去了。灵魂的“复命”是“复归于朴”“乃至大顺”“复归于无极”。肉体也消逝到物质世界去了。其六，特殊的个体生命中的灵魂能轮回吗？老子的观点是肯定的：不能轮回，只能循环运动所谓“轮回”，是指个体生命的灵魂有一个固定的形态，从前世到今世到后世，以至万世都不变，在不同的物体轮回转世。这是不可能的，灵魂是没有固定形态的，只有凝聚和消散。凝聚在一个物体上就是这个物体的灵魂了。一旦这个物体不存在了，灵魂也就消散了，失去了这个物体的灵魂形态，融入宇宙灵魂乃至大道、恒道之中，这就是灵魂不朽。灵魂不朽，不是指个体灵魂永远保持固定形态不变。同理，个体的物质形态也不能轮回，只有凝聚和消散。凝聚在一处成了一个物体，就这个物体的物质，一旦这个物体形态不存在了，物质就消散到物质世界里去了，不能复原为这个物体的原有形态，这就是物质不灭。物质不灭，不是指一个物体形态不灭，能长生不死。

“复命”论具有重大的理论价值。

第一，破除了个体灵魂“轮回”论。“轮回”论，说一个人的生命体一旦形成，就具有了永世不变的灵魂形态。今世的“我”，就是前世的“我”，还会有后世的“我”，永世的“我”。不管“我”前世是牛是马、今世是人和来世是猪是狗，甚至是一块石头，一棵小草，那仍然是“我”的那个固定不变的灵魂形态，只是“我”的物质组成的形态在变。“我”今世受苦是前世作了恶；“我”今世行善，来世就富贵，说不一定还当皇帝，甚至能成为神人、神官、星宿。“我”要么不求今世去求来世，要么今世享受快乐一辈子，来世去赎罪；要么今世苦不下去了，去自杀投胎来到一个富贵人家；要么今世年轻力壮时去杀人做英雄，“二十年后又是一条好汉”。“我”的命是天定的，就等着死吧。这个“轮回”论存在着许多令人难以置信之处和理论困难：1.人不是被生的，是自生的，是一个“我”的固定灵魂形态在轮回，所有的新生命都是以前那一个生命灵魂的复生。2.生物和一切物体的数量是固定不变的，不增不减，增或减都没有来处。3.今世的肉体生命不值得珍惜，因为“我”的生命是一个永世存在轮回的灵魂，而身体只是一个影子、一个幻觉，“砍头只当风吹帽”“二十年后又是一条好汉”。4.如果灵魂是一个固定形态，那么灵魂就被囚禁了、禁锢了，回不到大道、恒道那里去了，什么形而上的大道、恒道不复存在了，存在了也对“我”毫无作用。5.“我”的灵魂是被“天命”一次性固定成形态的，此后任何外在力量对“我”的灵魂都不起作用；“我思故我在”，唯我独尊。6.灵魂不朽，就是“我”固定的灵魂形态不死。这些，都是违犯天道人道的谬说。“复命”论对“轮回”论的谬误一一作了破除。

第二，破除了儒家的祖宗神说和巫术、方术、道教的鬼神仙人、妖精说和佛教净土宗的升入西天成佛说。

夏曾佑在《中国古代史》里说：“老子之书，如今俱在。讨其意蕴，大约以反复申明鬼神、术数之误为宗旨……一切祷祀之说破矣……占险之说废矣……天命之说破矣……閟宫、清庙、明堂、辟雍之制，衣裳、钟鼓、揖让、什降之文更不足言也。”

儒家的祖宗神说，是说一个人死后，他的阴魂还存在，在保佑子孙后代。所以，人死后要入祖宗堂，不能成为孤魂野鬼；要举行隆重丧礼，表示孝顺，使亡祖灵魂安宁；要选择风水宝地，使孙子繁衍兴旺、发达富贵；要经常祭祖，特别是春秋二祭要隆重，使祖人阴魂在阴间做富贵鬼，保佑后人平安富贵；等等。“复命”论就破除这种谬说，以为人的自然死亡是正常现象，死后灵魂消散到大道那里去了，肉体成了一把土，不会对活人的生活有什么影响。人死了，虽然有丧亲的感情痛苦，但不值得过度悲伤，“老人死了是福”。庄子就为亡妻击缶而歌，为自己的死交代学生，不需掩埋，任凭鸟儿虫儿吃掉尸体，用不着花费活人的财物去举行丧礼，不能连累活人生活，更不用去守孝三年和“三年不改父之道”。

巫术、方术、道教的成鬼神、成仙、成精说，是说人死后成鬼成神，活人修炼成功可以成为长生不老的仙人，动物修炼成功可以成为妖精或仙人。“复命”论就破了这种谬说。人死后灵魂和肉体都消散了，不可能成鬼成神。一个生物的生命有生有死，“长生不老”、成仙成精是不可能的。

第三，破了生物或生命或社会的进化论。

达尔文并不是进化论的发明者，达尔文是一个基督教徒。他的《物种起源》的学术价值在于：把物种之间的关系连成一个链，证明物种之间不是相互孤立的，而是相互为共生环境的，例如食物链。

进化论是不学无术、胆大妄为的斯宾塞的异想天开的一种幻觉。他就写了《生物学原理》《社会学原理》等书，公开提出“强者生存”论。这种痴人说梦的荒唐原理，得到柏格森、夏尔日等人的肯定和宣扬。一时间，社会进化论在德国、奥地利等地红火起来，后来殃及中国。连奥地利物理学家薛定谔也写了《生命是什么》，用“熵的原理”来牵强附会地论证进化论。赫胥黎也写了《天演论》，陷入到本体“不可知”论里。概括进化论的观点是：特殊的个体生命体在不断地适应环境变化中，不断地改变自己的身形体态和神经系统，进化成了另一种高一级的生物，形成一个生物由低级到高级的不断进化的螺旋式上升进化运动。推动这种进化运动的力量是生物自身的生命冲力。进化论得出许多进化原理：1.物竞天择，适者生存；2.弱肉强食，强者生存；3.高级物种不断地替代低级物种；4.生命冲力取替了本体和上帝的神造力。很显然进化论比轮回论、鬼神论的谬误更明显，更荒唐。其一，否定了形而上的本体、大道造物和神造物，那么天地从何而来？生物从何而来？生物的生命冲力源于何处？进化论是回答不了这些质疑的。其二，一个具体的生命体是有生有死的，生的时间十分短暂，在这短暂的几月、几年、几十年内怎能进化为另一个物种？就寿命而言，乌龟和蛇的寿命很长，它们就应该进化为最高级的动物，反过来说，最高级的人的寿命应该高于乌龟和蛇。或者说，进化是一个物种的连续不断的渐进过程。那么每个个体只几年、几十年，看不出进化由个体连续起来的渐进怎能发生突变，变成另一个物种。就拿鱼和青蛙来说，由水生动物进化为两栖动物，那是多么大的体形变化呀，一代生活几年的鱼进化了什么呢？千代万代的鱼也是由一代一代的鱼的寿命加起来的，怎么会变成青蛙呢？再说，青蛙的神经系统并不比有些鱼发达，还成了有些鱼的食物。其三，“物竞天择，适者生存。”照此理论，竞争胜利的是天选择的，适应性最强，也就越高级。事实正好相反，越低级的生物适应性越强，最高级的人生命最脆弱，适应性最差，要求生存环境更苛刻。人能到低级生物的水里去生活吗？阳光下的生物能到没有阳光的岩洞深海里生活吗？谁胜谁负、谁低级谁高级，谁是“适者生存”，说得清楚吗？其四，“弱肉强食，强者生存。”狮子比角马强，狮子和角马相比谁的生存数量多？人和细菌相比，不是人消灭了细菌，而是细菌消灭了人，是细菌强还是人强？如果社会也是人竞天择，弱肉强食，那么剩下来的都是强者，强者又相互争食，还有人类吗？如果人类社会是从低级不断向高级进化，而不知道返回运动，那么天下不就成为希特勒这样的纳粹分子的天下了吗？所以，“随着希特勒和纳粹的上台，社会达尔文主义在德国成为官方教义。同时，帝国议会颁布了《预防有疾病后代法》。”“马克思和恩格斯就着手研究它，称它为‘历史阶级斗争之自然科学基础’。”“战争狂热分子和胜利种族分子”“用进化论来证明他们的政治目标”。还有一些无聊的社会心理学家，如加拿大心理学家卢希桐用智力测试证明“美国黑人比白人差”，说：“黑人就是特别的蠢，好斗，易于犯法，而且对性的兴趣比其他民族的人都要大。”以上引文是德国人莫尼卡的《关于鹦鹉螺和智人进化论的由来》里的语句。那么，这种凶恶血腥的社会进化论能被占人口绝大多数的善弱者容忍和接受吗？当然不能。

“复命”论击破进化论的依据是“复命”论的大原理：“谷神不死，是谓玄牝。玄牝之门，是谓天地之根。”“天地不仁，以万物为刍狗。”“天道无亲，恒与善人。”“天物芸芸，各归于其根。”大道造物，没有什么优劣与强弱的“物竞天择，适者生存”。一个生物或一个物种或整个生物圈都是大道所生，又由大道毁灭而归于大道。大道造物，使其有道性生存的环境，或说大道依据环境造物种。大道收去物种，使该物种生存的环境发生变化而不适宜生存，再造出适宜生存的新物种。大道造物，无所不有，“天物云云”，使各类物种适应其环境，形成密切相关的生物圈。大道毁物，是毁去一些物种，再造新物种。火山爆发，毁灭物种，是大道“复命”所致，并非在火山爆发前生物已进化成了适应火山而毁灭不了的物种。同理，社会运动是在大道循环运动的节制下作循环运动的。在造物者面前，万物只能“唯道是从”，不能“不知常，妄”。在老子大道论和“复命”论那里，进化论是胡说八道。

第五节

善恶论——人性本善，习性有恶

上节所述是人性本善，本节所述是人性本善之末之用之动之功。人的本性善而无恶，而本性之用则有善有恶，恶不在人的本性而在本性之用。所以本节题目是“善恶论——人性本善，习性有恶”。本节的内容有善行和恶行。所谓善行，是指由人的自然智慧发出的“尊道而贵德”的思想和行为。所谓恶行，是指由人的自然智慧发出的“离道而背德”的思想和行为。不管是善行还是恶行，都是人后天的行为——人为。所以，人世间只有善人而无恶人，有善理又有恶理，有善行又有恶行。惩恶，不是惩罚人，而是批判恶理、惩罚恶行恶事。故曰：“善人善之，不善人亦善之，德善。信人信之，不信人亦信之，德信。”“绝智弃知……绝仁弃义……绝巧弃利……”“知常，明也；不知常，妄；妄作，凶。”“忚而欲作，将阗之以无名之朴。”

一、衡量善理善行与恶理恶行的标准

标准问题在“前言”“二”中“第一原则”已有论述，那个标准是：我的与生俱来的善心和自然智慧。

我原来认为只有我悟道所得，其实老子早就坚持了这个标准。这个标准，是“百姓之心”皆有的，是“天下皆知”的，是不证自明的。只不过有些人保持和觉悟到了它，有些人受蒙垢了而没有觉悟到它，有些人甚至丧失了它。但是，在有人的任何时候，任何地方，绝大多数人心存善心和自然智慧：人心向善，公道自在人心。其表现状态有二：其一，在没有思想自由的社会中，有公道之心而无公道之口；其二，在有思想言论自由的社会，既有公道之心，又有公道之口，人民用选票表示民意。所以，人人皆善，“百姓之心”就是善心，百姓的表决就是自然智慧之光照见了真理。于是，这个标准又可以表述为：百姓中绝大多数人的表决结果就是衡量善理善行与恶理恶行的标准，或者“天下皆知美为美，恶已；皆知善，訾不善矣”，就是衡量善理善行与恶理恶行的标准。

你可以试一试。在你遇到一件事时，注意你第一次的即原初的感觉判断，这个判断是在没有受到别人说教和你所学到的知识干扰的情况下的判断，这就是你天性善心和自然智慧的判断，是正确的判断。其他人的这个判断也是与你的判断相一致的。但是，稍后的判断，就是受到事件有关人的说教和你所学的知识干扰的判断，也就是你考虑到你利害关系的判断，这个稍后的判断就离开了你的善心和自然智慧了，就不是正确的判断。所以，你天生的善心和自然智慧是判断人的唯一正确的标准，而少数执政者或强人所定的带有政治策略和个人后天主观意志所制定的所谓标准都不是标准。故曰：“圣人恒无心，以百姓之心为心。”“含德之厚，比于赤子。”

二、由“人性本善”演绎出的后天的几个善原理或美德

苏格拉底说：“善理念是最大的知识问题，关于正义等知识，只有从它演绎出来，才是有用和有益的。”“没有一个人在知道善之前能足够知道正义和美。”

苏氏所说的“善理念”和“善”，就是老子所说的“德善”，是人性自然的本善，不是少数执政者和强人所定下来的后天与恶相反的善。

在老子伦理学中，从这个“人性本善”的理论大前提中，演绎出了许多后天的善原理和美德，这里列出几个基本的善原理和美德：1.“贵为身”，“爱以身”；2.善行无迹；3.人人天性和权利平等自由；4.天资有别；5.正义公道；6.慈而勇；7.朴素而节制；8.柔弱处下；9.惩恶理恶事，不善人能恢复为善人。下文重点论述“贵为身”“爱以身”和“善行无迹”，简略论述3、4、5、6、7、8，因为“贵为身”和“善行无迹”别人没有详细论述过，并且一度被人们忽视，而其他美德别人都有详述，尽管论述得

有些不符老子的观点，但都一致公认是美德。另列一节论述9。

（一）人人天性和权利平等自由——男女平等

这个善原理，在西方文艺复兴运动和启蒙运动已被论述得很清楚，只是中国学界认为不合儒家的亲疏尊卑伦理，认为不合中国传统思想文化和国情。其实是中国学人对中华传统思想文化的片面理解。比儒家早半个世纪的老子就创造了这个善原理，并且在唐玄宗之前一直是中国传统思想文化，而儒家的亲疏尊卑反而被边缘化。儒家的亲疏尊卑只是到了宋儒时才成体系，到了朱洪武时才兴盛，此后成为传统思想文化至今只有六百余年。

老子云："天地不仁，以万物为刍狗；圣人不仁，以百省（姓）为刍狗。""天道无亲，恒与善人。""天地相谷，以俞甘洛；民莫之令，而自均。""圣人恒善俅人，無无弃人，物无弃财""成功遂事，百省（姓）胃（谓）我自然""有名，万物之母也。"

老子对尧舜至周朝两千余年的仁义、亲疏的等级专制传统思想看得很透彻，并进行猛烈抨击，提出正面主张："不仁""无亲"，即人人天生权利平等的原理。在伦理、政治上，"不仁"就是不能存有人为的尊卑等级观点；"无亲"，就是不能存有血缘亲疏观念。如果存有尊卑亲疏，就像后来儒家主张的那样，人就不能平等相待，思想就受到束缚而不自由，言论就受到钳制而不自由，行为就会受到拘束而不自由，处事就会受到牵挂而不公正，机遇就不能均等，智慧就不能自由发挥。这是不合天道、人性的。在男女平权问题上，老子认识到在黄帝以前是母权社会，在黄帝以后是父权社会；母权社会是自然的，父权社会是人为的。在父权强力专制社会里，出现了男尊女卑思想，这不是天道。所以，老子在《道德经》里说到大原理时，总以“母”作喻，不说“父”。例如：“有名万物之母也。”“谷神不死，是谓玄牝，玄牝之门，是谓天地之根。”“既得其母，以知其子，复守其母，没身不殆。”可见，老子不仅讲男女平等，甚至主张母尊父卑。这就怪不得武则天当了女皇，把《道德经》列为科考必考经目了。

也许有人会质疑：如果“不仁”，不讲尊卑等级，天地有何秩序？社会有何稳定和谐？答曰：大自然的秩序，是“道法自然”，不是靠什么尊者的强力维系的。谁在大自然中都找不到万物中的尊者卑者。如果太阳为尊，地球为卑，那么少了地球，太阳系不复存在。社会和谐稳定，是“百姓之心”的“我自然”，不是什么王者的强力维持的。王者的强力造成的是礼制，才是不稳定因素。“夫礼者，忠信之泊（薄）也，而乱之首也。”五千余年的尊卑礼制不是争权夺利、战事连绵、王权恶性循环的罪魁祸首吗？中国文人对尊卑等级还有什么认识不清楚而恋恋不舍的呢？

也许有人会质疑：如果“无亲”，不讲父母、兄弟、儿子、族人、故乡之情，那么人间还有真情吗？小孩由谁抚养？老人由谁赡养？人不都成了冷血动物吗？

答曰：持这种质疑的人的思想原因有二：其一，用儒家的小道——君子之道取替了大道——老子之道，不能区分大道大用和小道小用的界限；其二，是几千年中国小农经济思想的残余。孟子不敢直接批判老子的“天地不仁”、“天道无亲”，却敢对墨子的“兼爱”猛烈抨击，说“兼爱”是无父无君，不忠不孝的禽兽之道，实际是间接批判“天地不仁”和“无道无亲”。可见，孟子不懂人是天地所生这个大道，只懂人是父母所生这个小道。“我”是父母所生，没有父母就没有“我”，“我”不仅要孝父母，还要“顺”父母，“父要子亡子不得不亡”，“三年守孝，不改父之道”。由此推及天下，天生一人，即天子——君主；君主是臣民的父亲，臣民是君主的臣民，没有君主就没有国家，没有国就没家，君主是国家的化身，而不是国民意志的执行者。子民要忠于君主，忠君就是爱国，“君要臣死，臣不得不死”。民没有选择君主的权利，而是“神授皇权”，天命天数决定谁当皇帝。很显然，孔孟之道是一种典型的小农经济思想。小农经济思想的表现形式：家长制，自然村落宗族制，固定或大一统的民族国家制。小农经济思想的弊端有：1.父母抚育儿子，是把儿女塑造成自己的模型；赡养老人的义务全部归于儿子、孙子，制造“二十四孝图”的神话和冷酷的没有人性的悲剧，社会和国家却从中放弃了赡养老人的义务。这就把一个人的善恶归到父母、族中父老的教化身上。所以一个人就功名成就，就光宗耀祖，封妻荫子；一个人犯罪，就株连父母，诛灭九族。这也就阻碍了福利社会的建设，不管老人怎样受苦，受谴责的是儿子，而社会毫无责任。2.限制了人口自由流动和劳动者自由选择职业的权利：“有恒产方有恒心”，“父母在，不远游”，“叶落归根”，“子承父业”，“乡里人是乡里人，城里人是城里人”，“农民进城是盲流”，等等。3.以农为本，压抑商贾，阻碍工商业发展，把科学技术视为“淫巧小技”。另外还有许多政治适用的弊端。

老子的“天道无亲”论就是针对这种不讲大道、只讲小道的传统思想而发的，要寻找解决礼制社会的根本原理和方法。其一，作为儿女的“我”，既是天地必然所生，又是父母偶然所生。1.作为天地的儿女，“我”要“尊道而贵德”，“圣人不仁，以百姓为刍狗”，“天道无亲，恒与善人”，“恒善怵人，無无弃人”。“我”要心存善性以善待人。在这个境界上，我信了释迦牟尼的话：“天下男人皆我父，天下女人皆我母。”当然，这句话里的“男”“女”都是我的长辈。对于赡养老人，“我”有赡养父母的义务，也有赡养全社会老人的义务；别人也应与“我”同样。这样，“我”就为建设赡养父母和天下老人的福利社会做出了贡献；赡养老人不仅是儿女的义务，而且是全社会的义务，社会、国家特别是当权者不能逃脱这个义务。这就是庄子说的“至亲无亲”“至孝无孝”，是大孝大亲，不是不孝不亲。这不是孟子说的“老吾老以及人之老，”对父母可以赡养，对别的老人只有恻隐之心，而无赡养义务。2.作为父母的儿女，没有父母存在的那许多“特殊”条件巧合，也就没有“我”，父母的恩情“我”终生不忘：“贵食母。”特别是父母年老了，“我”更要关心父母，安慰父母，经常去看望父母，让父母晚年生活愉快。哪怕父母终生做了恶事，甚至成了罪犯，“我”这份儿女情是不能少的。父母去世了，“我”终生不能忘记父母，要以祭祀的方式去悼念父母：“子孙以祭祀不绝。”（五十四章）但是，如果要“我”去“顺”父母，那就要“尊道而道德”了。如果父母教“我”保持善心去行善事，就应“顺父母”。如果父母要“我”为实现他的背离道德的企图，“我”就不能“顺”了。“父要子亡，子不得不亡”，“我”做不到。因为，“我”的生命所有权是属于天地的，使用权是属于“我”自己的，“我”

不是父母的私产。任何人不能侵犯“我”的人身和剥夺“我”的生命权，“我”应该自然死亡，除非“我”自愿去为了保存多数人的生命而牺牲自己的生命。“我”不会为了父亲喝上鱼汤去卧冰身亡，不会为了母亲吃上猪肝去割自己肝而亡命，更不会去“舍生取义”，“君要臣死，臣不得不死”，“守孝三年，不改父道”，“我”做不到。因为，三年时间对“我”短暂的一生是非常宝贵的，“我”可以干很多事，甚至会遇上“我”一生中只有一次的好机遇。父道即便是善的，也不一定完全合乎“我”的情况，不可能全部不改。父道是恶的，“我”更要改正它。“子报父仇”，“我”也做不到。因为，“以德报怨”“冤家宜解不宜结”，何况，“我”不愿意杀人，除非为了危及自身生命安全而自卫失手杀了对方，或者“我”自愿为反抗不正义的战争和屠杀而不得已去参加正义自卫战争和行动杀了人：“兵者，不祥之器也，不得已而用之。”（三十一章）其二，作为父母的“我”，要明白：儿女首先是天地“必然”所生，其次是“我”“偶然”所生，不是“我”的私产。“我”没有权利去剥夺儿女的生命，却有义务去抚育儿女。对于儿女，“我”要呵护他们幼小的生命，给他们一个健康的身体。“我”不能虐待子女，更不能弃婴、溺婴。“我”还应该以善道教导子女，以善人为榜样去教导子女，不能教他们偷盗、与人搏斗、虐待动物，吃独食。“我”不能强迫他们去学那学不好的知识，不能强迫他们去干那干不了的事，更不能强迫他们为了祖先、父母去争那争不来的功名。如果“我”无理，儿女有理，“我”不能以父母的面子和权威为重去斥责他们“不孝顺”，要做勇于承认错误的榜样。对自己的孩子如此，对别人的孩子也应如此。抚育儿女，不仅是个人的事，而且是全社会的事。社会应该实行义务教育，“我”应该为社会义务教育做出应有的贡献。社会不应该把义务教育的责任推到父母身上。孟子的“幼吾幼以及人之幼”，是说父母应该有教育子女的义务，对别人的子女只有恻隐之心，而无义务：“子不教，父之过；教不严，师之惰”。这就不能实现社会义务教育。

也许还有一些存疑，此处不一一评述。总之，老子的“不仁”“无亲”是强调被忽视了或被抛弃了的大道大用的原理：人人天性和权利平等自由。同时老子并没有抛弃小道小用，人有男女、老少、天资和适应不同工作的差别。

（二）人人天资有别，体貌殊异，性格不同

人人天性和权利平等自由，论述的是人性中的“一”“玄同”，“体貌殊异，天资有别”，论述的是“一”中有“二”有“三”有“万”——“多”。用释迦牟尼的话来说：“众生皆具如来智慧德相，只因妄想执

着，不能证得。”这就有了“圣俗不二”和“圣俗有二”两种情况。用苏格拉底的话来说，人人“灵魂是纯净的，是‘善’”，是智慧平等的，而天资则有“金、银、钢、铁”之分。老子的论述比释、苏二人更全面准确。释氏论了智慧平等，用时有“觉”与“迷”之分，没有论述智慧运用的不同状况，更没有论述“德相”的特殊性。苏氏既论述了智慧平等，也论述了天资的不同和使用的不同状况，但把这“不同”分了等次。老子既论述智慧平等，又论述了智慧的天资不同和不同的使用状况，把智慧呈现的“知常”的不同状态都视为平等，只是在天资使用上分为“知常”和“不知常”，以为“不知常，妄”。

要理解这个观点，必须区分人性中的三个概念：天赋、天性、天资。1.天赋，是天赋予的，或说是人从天道中所获得的，即老子的“与”和“得”，是一个大概念。2.天性，是天道赋予人性中的“善”“一”“神（智慧）”等性质；善心和自然智慧，是平等的，是“一”的。3.天资，是天道把道性（德性、灵魂）和质料（“营身”）通过父母遗传给所生的儿女的“营魄抱一”体，就要带上父母所生的“婴儿”这个所具有的许多“特殊”条件所形成的具体形态（特征）。这些特殊形态（特征）是“这个”婴儿所必具的、所特有的，换了另一个婴儿，就又是一套特殊形态（特征）了。所以人的天资不一样。可见，天赋、天性、天资是有区别的，不能混用。

区分了天赋、天性、天资，就容易论述天资了。天资的不一样有三个方面：体貌殊异，性格不同，运用善心、自然智慧的不一样。

体貌殊异，主要表现在：身材有高大和矮小，有肥胖和消瘦，有强壮和虚弱；肤色有黄、棕、红、黑、白；地缘气候有寒带人、温带人、热带人；性别有女人、男人、隐性人、阴阳人；年龄有婴儿、儿童、少年、青年、中年、老年人；按宗族划分有各种宗族人；等等。就“这一个”人而言，与任何“那一个”人不同，哪怕是孪生兄弟、姐妹也不一样。俗话说：“我爹娘生我，就是这副德性。”真是“人上一百，五颜六色”。故曰：“万物并作，吾观其复。”（十六章）“物或行或随，或炅或碰，或强或羸，或杯或椭。”（二十九章）

性格不同，主要表现在：有沉静和激动，稳重和轻浮，呆板和机智，温和和粗暴，冷静和急躁，细心和粗心，内向和外向，直率和深藏，等等。俗话说：“我爹娘生我，就是这副德性。”故曰：“曲则金。枉则定，漥则盈，敝则新，少则得，多则惑。”（二十三章）“明道如费，进道如退，夷道如类。上德如浴，大白如辱，广德如不足，建德如偷，质真如渝，大方无禺，大器免成，大音希声，大象无形，道褒无名。夫唯道，善始且善成。”

（四十章）

由于体貌殊异、性格不同，就表现出善心和自然智慧的运用不一样。高大强壮和粗暴急躁的中青年人，适宜战场拼杀和活动量大的体育运动。矮小消瘦和稳重细心的青少年，适宜体操杂技运动。机智温和外向者适宜外交活动，冷静细心者适宜科学研究，冷静深藏机智者适宜做军事家，沉静直率呆板者适宜哲学思维，激动、轻浮直率者适宜做诗人、文学家，等等。俗话说："我的体质性格决定我只能做这，不能做那。""我的爱好和兴趣让我只在这里，不在那里。"故曰："万物将自忤，忤而欲作，将阗之以无名之朴。""知常，明也；不知常，妄；妄作，凶。"（十七章）

天资表现出的三个方面不一样，都是相同的善心和自然智慧在不同人身上的不同呈现状态，并不能因此去证明天性不一样。人性中的天道赋予的善心和自然智慧是平等的，并且各个人具有"自忤而欲作"的自由主动的运用权利。

这种天资的不同才是人类劳动分工的人性根源，人类社会生活丰富多彩的人性根源。这种天性相同，才是人与人、人与社会、人与自然相互节制而产生法律的人性根源，是人类和平生存、协和发展的人性根源。人性的这种两面性是"营魄抱一"而不分割地融为一体的，人的认识不能只强调相同的天性而否定天资，使知识成为冷冰冰的理性主义；也不能只强调不同的“自忕”（自由）的天资而否定天性，使知识成为纵情纵欲不受节制的缺乏理性的激情自由主义；更不能只看到天资的不同而把人的智慧的不同呈现判断为智慧有上下之分，不能说体育运动员的智慧低于思想家的智慧，只能说他们智慧的运用不同。这样，老子的人性论就划清了与儒家的“唯上智下愚不移”的界限，划清了与唯理主义的界限，划清了与激情自由主义的界限，划清了与汉儒董仲舒的“性三品”的界限。

可见，天性和天资中本没有恶的根源。但是，当天资在运用时，脱离了天性的节制或者天性对天资节制过度，那就是“不知常，妄；妄作，凶”了，就出现了“恶”——冷冰冰的理性主义和纵情纵欲的极端个人自由主义（唯意志论）等恶理以及专制、奢欲等恶行。

（三）正义公道

对正义，苏格拉底在《理想国》里定义得很明确，“每个人必须在国家里执行一种最适合他天资的职务”，“正义就是只做自己的事而不兼做别人的事”，“一个人都不拿别人的东西，也不让别人占有自己的东西”。

老子《道德经》里有许多“正”，说的也是这个道德。“知足不辱，天地将自正。”“我无为而民自化，我好静而民自正，我无事而民自富，我欲不欲而民自朴。”（五十七章）“不可得而亲，亦不可得而疏；不可得而利，亦不可得而害；不可得而贵，亦不可得而贱。”（五十六章）“天之道，利而不害；人之道，为而弗争。”（六十八章）

老子把正义公道的美德，从“我”与人、“我”与民、亲与疏中提升到人道、天道的高度上来论述，实在是高智慧。由于正义公道已被苏柏体系和后来的洛克、卢梭等人论述得很清楚，此处就不详述了。

（四）慈而勇

苏格拉底认为，勇敢是四大基本美德之一，勇敢是从正义演绎出来的，脱离了正义的勇敢就是凶恶，称不上勇敢。

老子也持同样的观点，认为勇敢是从慈善中演绎出来的，脱离了慈善的勇敢，不仅伤害了别人，而且伤害自身。慈善是善心的功用，是从善心演绎出来的。

老子云：“我恒有三葆之：一曰慈，二曰检，三曰不敢为天下先。夫慈，故能勇……今舍其慈且勇，舍其后且先，则必死矣。夫慈，以战则胜，以守则固。天将建之，女汝以慈垣之。”（六十九章）“勇于敢者则杀，勇于不敢者则栝。此两者，或利或害。天之所恶，孰知其故？天之道，不战而善胜，不言而善应，不召而自来，弹而善

谋。天网恢恢，疏而不失。”（七十五章）

这两段文字的译文见《道德经》白话文解读第六十九章、第七十五章。这两段短文，既论述了慈与勇的关系，又论述了两种不同的勇的性质和造成的不同结果，并且把慈与勇提高到天道的“天网”的境界中。慈是勇之本，勇是慈之用。勇敢行动是不能随心所欲的，必须事先“后其身”，以慈善来判断事件的性质和战斗的方向，才能打中箭靶。这就是“夫慈，故能勇”，“勇于不敢则栝（箭靶）”。如果凭一时的怒火，或听从别人挑唆，不用慈善去判断，乱冲乱杀，就失去了勇敢的方向和目标，不仅枉送了自己的生命，还错伤了善心的人和事。这就是“舍其慈且勇，舍其后且先，则必死矣”，“勇于敢者则杀”。这个“死”和“杀”的恶果，不仅是指“勇于敢者”，而且指整个事件和人。对于这两种“勇敢”的有利有害，天是知道其中的原因的，人又有谁知道其中的原因呢？人呀，对这两种“勇敢”，实在要用慈善之心认识清楚。天在侦察你，天网虽然稀疏，却绝不会漏失任何一个作恶的人不受惩罚。如此一说，是不是人不需要勇敢了呢？不是的，任何人都要有勇敢精神。天给了你生命，保护自己不受侵犯就全靠你自己了。“天将建之，女（汝）以慈垣之。”“垣”就是自己筑起心理防线来护卫自己。

老子的“慈而勇”是有别于孔子、孟子的“仁者勇”

的。“仁者勇”，是“杀身成仁”“舍生取义”，是把生命权交给了君主和“知己”手里，为了“忠君”“忠主”“为知己者”而牺牲自己的生命，以牺牲下人的生命来保主人的生命，以牺牲多数臣民的生命来成就一人帝业，以牺牲士兵的生命来成就一将的功名。这是生命有贵贱之分，这种“勇敢”是“舍其慈且勇”，是不善不慈的，是非正义的。

（五）朴素而节制

节制，也是苏格拉底所称颂的四大美德之一，是从正义演绎出来的。苏氏说：“对统治者来说，最主要的自我克制就是控制身体的欲望和饮食快乐。”节制，就是节制自身“不必要的欲望”和不理智的过激情绪，主要是针对执政者和强人说的。新柏拉图主义者古罗马哲学家西塞罗写了《有节制的生活》，专门论述了节制。

《道德经》里没有“节制”这个概念，与节制相当的是“啬”和“检”，基本观点与苏柏体系一致。

老子论述节制，是从朴素之道演绎出来的。“朴”和“素”是“善”的一个属性。只有善心，才会朴素；只有朴素，才会有节制，节制是朴素的功用。

老子云：“治人事天，莫若啬。夫唯啬，是以蚤（早）服。”（五十九章）“检故能广。”（六十九章）“见素抱朴，少私寡欲。”（十九章）“夫唯不欲盈，故能敝而不成。”（十五章）“罪莫大于可欲，祸莫大于知不足，咎莫憯于欲得。故知足之足，恒足也。”（四十六章）“甚爱必大费，多藏必厚亡。”“知足不辱，知止不殆，可以长久。”（四十四章）“金玉盈室，莫之守也；贵富而骄，自遗咎也；功述身芮，天之道也。”（九章）“恒德乃足，复归于朴。”（二十八章）

首先，老子把节制明确地定位在“治人事天”的范围内，定准了范畴，就好论述了。治人，就是治理个人、家庭、社会、国家的经济生活。事天，就是祭祀天地神鬼的事。这两件事都是主持办理者做的，所以“治人事天”是针对执政者和贵富人的，不是针对一般百姓（民）的。对于百姓（民）来说，生活本身艰难，精打细算地过苦日子，谈不上有“甚爱”“多藏”“金玉盈室”“贵富而骄”的“可欲”。

弄清了“啬”（节制）的范围和对象，就好理解“啬”了。“治人事天，莫若啬”，是说主事者在治理百姓的经济生活和祭祀天神礼仪中，没有比爱惜生命和节省民财更重要的了。这是一个节制的基本原理。节制，像其他原理一样，本是个简单道理，只要人保持了纯朴的善心，在经济事务中，自然会该收的则收，该用的则用，不该收的不收，不该用的不用。但是，一旦人不能保持纯朴的善心，产生了“不必要的欲望”，譬如，要虚荣的面子，争贵富，争权力，就会讲摆场，铺张浪费，争君宠，欺民意，乞求神灵多保佑自己，等等；就会在经济生活中去追求个人的多得多藏，从而就失去自然智慧，产生了智巧、智谋、智术之类的伪智慧，使“治人事天”复杂起来，于是，就“知不足”了，就厚爱、多藏起来，失去了节制的美德。有权者和贵富者知道，只有在公办事务上才能多占多贪，于是大搞形象工程，大庆喜事，扩大祭祀规模，以使自己从中大捞一把。这样，社会经济生活就出现贫富分化而复杂起来。老子的“啬”（节制）就是针对这种社会状况而说的。老子每说一个基本原理，总要把它提升到天道的高度上，对于节制也是如此。老子指出不节制，就是最大的罪祸，是人为的“自遗咎”，是会受到“天网”惩罚的。只有节制，才是“恒足”，是“天之道”，才“复归于朴”。

老子反对“知不足”的“可欲”，主张节制，但不反对“少私寡欲”，不主张禁欲，把节制的程度限在“可欲”和“寡欲”的适当层次上。有“可欲”就要节制，“有欲”则不能节制，不能节制到禁欲程度上去。有人说老子的“无欲”是禁欲主义，这是误解，在后文的“欲望论”中有详述。所以，老子对朴素而节制的论述是全面而正确的。

（六）柔弱居下

苏格拉底把城邦的执政者、辅国者和护卫者比作“养一条好的看家狗和养一个好的护院家奴”。可见，柔弱处下的美德是针对统治者而说的，要求统治者处在柔弱方面，处在国民地位之下，不能处在比国民刚强和地位高的一面，国民是主，统治者是仆、是奴，而不能相反。

老子的柔弱居下美德说的就是苏氏那个观点。

老子云：“江海之所以能为百浴王者，以其善下之，是以能为百浴王。是以，圣人之欲上民也，必以其言下之；其欲先民也，必以其身后之。故居前而民弗害也，居上而民弗重也，天下乐隼而弗厌也。非以人其无静与，故天下莫能与静。”（六十六章）“善用人者宜为下”，“大邦者宜为下”，“强大处下”。“天下莫柔弱于水，而攻坚强者莫之能先也，以其无以易之也。柔之胜刚，弱之胜强，天下莫弗知也，而莫能行也。故圣人之言云曰：受邦之垢，是谓社稷之主；受邦之不祥，是谓天下之王。正言若反。”（八十章）

柔弱居下，也是针对执政者说的，这是一种反礼制传统思想的新思想、新观点。

从黄帝到周的传统思想都认为，帝王处在至高无上的地位上，从上到下分了许多等级，“民”处在最下地位，国君成了国家的主人，国民成了奴仆。在“仁义”论中的皇权神授伦理观点中，认为这就是天道人道。老子的观点与其相反，认为百姓（民）才是国家主人，国君才是国民的奴仆，处在社会最高贵地位的是民，处在最低下地位的应该是国君。这两种截然相反的伦理学观点，哪一种才是合天道而自然的呢？老子就从自然万物的现象论述到人类社会，证明执政者和强大者应该柔弱居下的原理是正确的。自然物中的水是最柔弱的，而水却是最有力量的，攻克一切坚强者："水滴石穿。"水又是向下处流的，是最居下的，所以水能"为百浴王"，"水纳百川"。自然界万物如此，人类社会现象也应该如此。圣人能成为社会的尊者，成为国家领导人，就应该处在柔弱的下处，与民众在一起，"以百姓心为心"。这样百姓才会尊重圣人，乐意推选出圣人，成为百姓的代理人来管理社会和国家事务。这种具有柔弱居下美德的圣人执政了，就成了百姓（民）的奴仆，就"居前而民弗害，居上而民弗重"，人类社会就自然和谐了。老子不仅要求执政者柔弱居下，还要求所有自以为或人为地成为的强大者，都应该柔弱居下，"天下莫能与争"，就太平无争了。

老子把这种柔弱居下的美德提升到生死存亡上来，提高到善道上来："坚强者，死之徒也；柔弱微细，生之徒也。""善用人者宜为下。"老子的结论是："柔之胜刚，弱之胜强。"可叹可悲的是，"天下莫弗知也，而莫能行也”，致使天下仁义论盛行，礼制猖獗，不得安宁。老子之后的孔孟之道又再次主张“克己复礼，天下归仁”，使中国历史长期遭受君主专制和强大者居上的荼毒几千年。现今的中国人实在应该惊醒了，应该“知”而且能“行”“柔弱居下”的伦理原理。“柔弱居下”的伦理原理，必然会导致政治学上的民主法治理论，使中国与世界潮流相汇。

三、“贵为身”论：安身立命第一，活命哲学就是真理

一看到这个题目，那些号召别人为成就自己伟业英名作牺牲的帝王、领袖、组织会嗤之以鼻：贪生怕死，活命哲学。说实在的，“贵为身”论就是针对草菅人命的“贵奋死”论提出的，就是主张“保命第一”“活命哲学就是真理”。“贵为身”论要回答的问题是人生观中最基本、最大、最高的伦理学命题：人为何活着和为何死去？怎样活着和怎样死去才值得？人生中最贵重的是生命还是祭神、名、货、权、组织、主义、爱情？“贵为身”论要驳斥的就是礼制传统思想中“贵奋死”之类的荒谬绝伦的生死观点：“杀身成仁”“舍生取义”“士为知己死”“人为财死”“殉葬”“殉主”“殉情”。“贵为身”论要揭露和控诉的是几千年封建礼制中视人命如草芥、生灵涂炭

的惨无人道的历史和现实。“贵为身”论是不会被君王和儒生们所理解和接受的，这从反面证明“贵为身”论是道，是真理。

老子云：“宠辱若惊，贵大梡若身。何谓宠辱若惊？宠之为下，得之若惊，失之若惊，是谓宠辱若惊。何谓贵大梡若身？吾所以有大梡者，吾有身也。及吾无身，有何梡？故，贵为身于为天下，若可以迈天下矣；爱以身为天下，女可以寄天下。”（十三章）

“重为轻根，清为趮君。是以，君子众日行，不離其甾重。唯有环官，燕处则昭若。若何万乘之王而以身轻于天下？轻则失本，趮则失君（二十六章）。”

“名与身孰亲？身与货孰多？得与亡孰病？甚爱必大费，多藏必厚亡。故知足不辱，知止则殆，可以长久。”（四十四章）

“出生，人死。生之徒十有三，死之徒十有三，而民生生动皆之死地之十有三。夫何故也？以其生生也。盖闻善执生者，陵行不辟矢虎，人军不被甲兵，矢无所椯其角，虎无所昔其爪，兵无所容其刃。夫何故也？以其无死地矣。”（五十章）

“人之饥也，以其取食税之多也，是以饥。百姓之不治也，以其上有以为也，是以不治。民之轻死，以其求生之厚也，是以轻死。夫唯无以生为者，是贤贵生。”

（七十七章）

“治大邦，若亨小鲜。以道立天下，其鬼不神，非其鬼不神也，其神不伤人也。非其神不伤人也，圣人亦弗伤人。夫两不相伤，故德相交焉。”（六十章）

这里的引文按帛书甲本字形转换的楷书抄下来，是因为老子时期，字形在诸侯国中没有统一的定型，为了便于从字形解义才如此。譬如，在吴楚为“趮”，在齐鲁为“躁”，今为“躁”。

历来注老解老家们对老子的这几章文字的原意都误解了，因为他们不懂得“贵为身”论是老子伦理学的人生观中最高、最大的原理，用儒家的“杀身成仁”去解，适得其反。譬如，对“贵大患若身”。“患”是讲不通的，应该考虑借音字。恰好甲本有梡，能通。可是，注老家们不去考证“梡”字的本义，人云亦云，待在“患”字不动，得出荒谬的解说：“看重祸患（或疾病）好像看重自身”或“重视身体好像重视大患一样”。

下文分条解说“贵为身”论。

（一）何谓“贵为身”？

“贵为身”，又名“爱以身”“贤贵生”。“贵为身”，以个人今世的肉体生命为最贵重。“爱以身”，以珍惜个人今世的肉体生命为最大的爱。“贤贵生”，以看重个人今世肉体生命为最高尚的美德。人“出生”后必然要“人死”，这是因为人是天地的被生自然物：“以其生生”。人的身体生理结构中，使人活着生长的因素“十有三”，同时使人走向死亡的因素也“十有三”；只要人去求生，也就等于求死：“动皆之死地之十有三”。这就是人生死的正常自然现象。人“尊道而贵德”地自然而生和自然而死，才是人合乎天道的最平等最正确的生死观，才是“贵为身”。“贵为身”，就是“贵”在爱惜个体生命的自然而生和自然而死。这样，“贵为身”就有三义。其一，一个人要贵重和爱惜自己的肉体生命，让自己自然生死；其二，人人都具有平等的生命权利，要贵重和爱惜每一个人的生命，甚至要珍惜其他生物的生命，不存在什么某人的生命贵重于其他人的生命，不存在男性生命贵重于女性生命；其三，繁衍后代，延续生命，是最为贵重的自然现象。

“贵为身”，排斥人为干扰人的自然出现和自然死亡，凡是人为地制造死亡都是背离道德的非正常死亡，是人祸，都称不上“贵为身”。

（二）为何要“贵为身”？

这个命题，换一个表述方式是：人活着是为了什么？或者人为什么要活着？人生价值何在？

对于这个命题，生活在礼制下的中国人感到问题复杂，很难有一致的答案。有为猎取功名而活着的，有为光宗耀祖而活着的，有为做人上人而活着的，有为复仇而活着的，有为报恩而活着的，有为了结一桩心事而活着的，有为实现远大理想而活着的，有为某种主义而活着的，有为某个组织而活着的，有为知己或拐子大哥而活着的，有为发财而活着的，等等。但是，在老子那里回答十分简单："有大梡者，为吾有身也；及吾无身，有何梡？"

"有大梡者，为吾有身也；及吾无身，有何梡？"这句话的意思是：我之所以拥有那祭神的祀梡，是因为我这个肉体生命需要神来保佑；等到我失去了这个肉体生命，还需要拥有什么祀梡呢？简言之，我活着就是为了保存我这个肉体生命和延续我的生命——繁衍后代，活命就是全部的人生价值，也是最高的人生价值。

为什么呢？因为个体生命来得不容易，既有必然，又有偶然，一旦失去了生命，就不可挽回：人死不能复生。如前文所述，在天地生人的必然中，作为个体的"我"，是在许多特定的"条件"下才偶然地侥幸地出生的，是唯一的"我"，"我这个"前无古人后无来者，难道"我这个"肉体生命不是最为贵重的吗？"我"无前世也无来世，只有今世"我这个"，失去了"我这个"肉体生命，就再也不会复生了。难道"我这个"肉体生命能随意地让人夺走吗？所以，"我"一出生就要为活下去而吮吸乳汁；一懂事，就要为活下去去争得生活必需品。"我"去学习，去找一份适合的工作，第一意义就是为了活下去。俗话说："做官是为了嘴，讨米也是为了嘴。"正确呀！"我"去乞求神灵保佑，也是为了活命呀！至于有人说人活着还有别的意义，那不是第一意义，而是第二、第三意义。还有人说，人活着有比活命更重要的意义，那是居心不良，要别人牺牲生命来为他活得光彩。所以，"我"必须"贵为身"。"我"如此，别人也如此，所以"我"不但要"贵"自身，还要"贵"他身。

（三）生命高于一切

老子把生命与礼制社会传统中认为最重要的东西作了比较，得出重与轻的结论：生命最贵重，其他东西为轻。

祭祀，是礼制社会最为隆重的大事件，祀器是最为神圣贵重的东西，可以杀人作祭品，杀人作为殉葬品，不准"下人"去触摸祭器。老子一反传统，说："吾所以有大梡者，为吾有身也；及吾无身，有何梡？"这就证明了祭祀的目的是为了保佑人的生命，祀器是为人祭神保命的用具，与人的生命相比，人的生命才是最神圣贵重的，祭器为轻。怎么能"轻则失本"和轻重颠倒呢？老子不仅纠正了礼制祭祀贵于生命的谬误，而且在愤怒控诉惨无人道的杀人为牺牲的祭祀罪行。

功名、财货，在礼制社会传统思想里，被看得比生命贵重。老子则反问："名与身孰亲？身与货孰多？"并且警告和明告重功名和财货的人："甚爱必大费，多藏必厚亡。"老子的观点很明确：生命比功名、财货贵重，功名、财货都是为维持生命服务的，绝不可为了功名去牺牲生命，去殉主，去"杀身成仁""舍生取义"；绝不可为了财货去打家劫舍，去谋财害命。"甚爱"功名，必然"大费（大伤害）"身体健康；"多藏"财货而不慈善救人，必然多遭凶夭。

祭祀、功名、财货都比不上生命贵重，还有什么能比生命贵重呢？所以在人生观中，生命高于一切。

（四）"贵为身"者能治天下，"身轻"者不可为"万乘之王"

从"贵为身"的伦理学原理可以演绎出政治学上的一条基本原理：爱惜生命的善良人可以代理国民管理国家大事，草菅人命的狠毒之徒绝不可掌有权力。这条原理是老子为百姓"乐隼（选择）"国家领导人定下的最基本的标准。

选举国家领导人是攸关人民生命财产和国家安全的头等政治大事，对被选举人可以有许多要求，但是最基本的一条是要考察他们是不是爱惜生命。如果被选人是"贵为身于为天下"的善良人，你就可以把天下托付给他管理；是"爱以身为天下"的人，你就可以把天下寄托给他管理。如果是"以身轻于天下"的人，就是轻视生命和暴躁的人，你就绝对不能让他做“万乘之王”。

这一条最基本的政治标准是老子从血淋淋的礼制历史中发现的。那些礼制社会中的君王、侯王、大夫、官吏都是“以身轻天下”的“失本”“失君”的残暴之徒。他们为了夺得权力和成就功名，不仅冒着自身的生命危险去斗杀，把全家的生命都作为赌注押上，而且制造内乱，发动战争，使生灵涂炭。他们为了维护权力和功名，不惜杀父杀兄，残杀亲人，还把臣民当作畜牲一般宰杀。皇帝一个口谕，就千万人头落地；皇帝又一个口谕，就有百千人被殉葬。以帝王为首的禽畜暴徒们，没有一个善人，是人祸之根，民饥之源。他们“以其求生之厚，“取食（税）之多”，制造血流成河、饿殍遍野：“礼者，忠信之泊，而乱之首也”，“愚之首也”。在老子之前的两千多年的礼制社会是血淋淋的，在老子之后的两千多年的礼制社会同样是血淋淋的。两千多年前的老子给中国人提出了那条政治标准，两千多年后的老子子孙们却认为老子是在宣扬活命哲学，是贪生怕死，是苟且偷生，何其悲哉!

（五）怎样“贵为身”——修身养性

“贵为身”，本是人性中的自然规则，人人都天生具有爱惜生命的善道美德，无须去修去养。但是，人的本性在后天受到恶习污染，把功名利禄、权力地位、财货金钱看得重于生命了，这就需要去修去养，恢复“贵为身”的天性。

修身本是养性，养性即是修身，本是一回事："营魄抱一能毋离乎？抟气致柔能婴儿乎？"修身偏重于保护身体健康，养性偏重于保持灵魂纯洁，修身和养性实在难以分开来说。

保证衣食住行和色性的正常供给，是人天生的肉体需求的欲望，是生存本能，老子称之为"有欲"，苏氏称之为"必要的欲望"。食物是满足身体成长和运动的营养，衣、住、行是保证身体不受自然环境的侵害，色性是保证身体性机能成长和繁衍生命。这五项是修身的基本内容，拿到社会学上就是民生问题。这里不讨论民生问题，只讨论个人修身养性问题。

修身养性的第一义，就是如何获取食、衣、住、行和色性的满足，也就是说如何坚持"保命就是真理"的问题。

人不能接受饥饿，不能受冻熬热，不能任凭风吹雨打，不能无力行走，不能忍受性饥饿，必须得到自然的正常的满足。如何获得这种满足呢？在自然社会，人是作为一个自然动物去获得满足的。在文明社会则不同了，人是共同体的动物，就要到社会去获取满足。修身，就是要懂得人生中最大的真理是保命——获取正常的生存满足。这个真理包括两项内容：一项是"干自己应该干的事"，另一项是“拿自己应该拿的东西”。不干自己应该干的事而去强拿东西，那就是拿了别人的东西，使别人不能保命，就是非正义的。干了自己应该干的事却拿不来自己应该拿的东西，使自己的东西被别人占去了，而又不敢去反抗，使自己不能保命，也是非正义的。修身，就是要修出这个真理，修出正义、勇敢、节制、智慧四大美德。有了这四项美德，才心安理得地保证生活必需品的供给，才能理直气壮地去反抗别人的侵占，智慧而勇敢地去争取劳动权利和生存权利。

例如：你是一个泥工，靠做泥工维持自身和一家人的生计。1.一时间，你找不到泥工活儿干，在排除了你懒惰、技术差、性格与人合不来等诸多不利的个人因素后，你就要从社会上面去找原因。你会发现，有人垄断了土木工程，“做了别人的事”，断了你的工作，断了你的生路。你就要凭你的智慧和勇敢去反抗，去争取劳动权利。你的争取是正义的，是坚持了“保命就是真理”。2.你每日干泥工活，却拿不到应该拿的报酬，排除了自己懒惰、技术差、与人合不来诸多不利因素后，你就要从社会去找原因。你就发现有人侵占了你的劳动报酬，断了你的生路。你就要凭自己的智慧和勇敢去反抗，去拿回自己的东西，争取生存权利。你的争取是正义的，是坚持了“保命就是真理”。3.你找不到自己应该干的事，拿不到自己应该拿的东西，你失业了，挨饿了，却得不到社会福利救助——失业费，这是社会问题，不是个人问题。你就要凭自己的智慧和勇敢去争取国家制度的合理化，改造社会。你的争取是正义的，坚持了“保命就是真理”。4.你在忍冻受饿而无人援助的情况下，你为了保命，去乞讨，去偷了面包，你的行为遭到歧视和殴打，甚至遭到法律的惩罚。这说明社会是非正义的，法律是非正义的，你没有犯罪，没有什么不光彩的，犯罪的是社会和法律本身，不光彩的是社会。5.你到了结婚成家的年龄，又有结婚成家的条件，却找不到对象，或者找到了又被别人霸占去了。排除了你自己不道德诸因素后，你就要到社会去找原因。你就会发现，强人霸占了许多异性，这是社会风俗习惯的恶劣和社会制度的险恶，使你失去了爱情。你就要凭你的智慧和勇敢去移风易俗和改造社会制度。你的行为是正义的，是坚持了“保命就是真理”——延续生命也是保命。

修身的第二义，就是节制食、衣、住、行和色性的过度满足以及对生命的极端需求。如果说第一义是针对贫贱善弱者而说的，那么这第二义是针对富贵恶强者而说的。中国儒家和方士的修身养性都是针对君子士大夫而言的，只不过儒家的修身养性是为了治国平天下，方士的养生是追求长生不老，都不是老子的为了保命——身心健康。

身体本是自然的，有必要的满足就可以保持身体健康长寿，故曰：“知足不辱，知止不殆，可以长久。”如果违反自然规则，过度地满足，就会损害身体健康，故曰：“五色使人目明，驰骋田猎使人心发狂，难得之货使人行方，五味使之口喇，五音使人之耳聋。”食物的供养，应该讲究自然营养的平衡，身体才能自然健康。如果人一味地追求美食，追求过度的人工制作程序和烹调花色，追求刺激味道，追求上摆阔气的高档食品和暴饮暴食，这就违背了食物供养的本性，会损伤身体健康。衣物的使用，应该讲究冷暖保持的适度，身体才能健康。如果人一味追求“服文彩”，穿紧身衣和奇装异服，甚至穿减肥衣裤，那些化学色素对人体有毒害，就失去了衣物穿着的本来作用，会损伤身体健康。居房的使用，应该讲究自然安乐，使用地面上的建筑材料通风好、光线明、排水畅、环境优美，才使人身安全和身体健康。如果人一味追求开采地表和人工加工的建筑材料，追求化学制品的装潢，人口过度密集群居，那就会受到放射物、污染物的侵害，会损害健康。车船的使用，应该是便利于人的行动，节省体力和时间，有利于身体休息和健康。如果一味追求乘车舒适，四肢懒得动弹，同时，追求车船的豪华，使车船成了虚荣品，这就失去了车船使用的本性，使车船数量增多，浪费资源，破坏环境，不仅使生物之中一分子的人不能正常活动了，有害健康，而且使人类失去了和谐的自然环境，受到伤害。色性的满足，应该是使人繁衍生命。天地造出男性和女性，并使男女都具有一定限度的性欲，其本意是要人自行繁殖后代，延续生命。如果一味追求性欲的过度满足，并且人为地服药增强性欲，占有异性过多，纵情纵欲，这就失去了色性的自然本性，就会伤害身体健康，并且制造单身汉，使社会因男女关系不正常而动乱，伤害社会健康。

还有一个“长生不老”问题。老子云：“而弗能久有兄于人乎？”意思是说，在天地的被生物中不能长久的有比人更为上等的吗？人不能长生不老，是有生有死的，只不过有自然长寿和遭外物伤害夭折之分。在《道德经》里没有一句话宣扬过长生不老观点的。“长生不老”的观点是后来的阴阳家的方术观点和道教观点，方士、道士炼“长生不老”仙丹，与老子无关。在老子看来，人可以通过修身养性延长寿命，但绝不可“长生不老”。“长生不老”是一种过度追求生命延长的需求的“可欲”，是“不知足”的背离道德的愿望和行为。

修身养性，就是要修出节制美德，节制过度的欲望和需求，就是为了保命。节制是正义的，是坚持了“保命就是真理”。

修身养性的第三义，懂得生命的使用价值：舍一命而保多命。

如果说修身的第一义和第二义是说个体生命必须自然而生和自然而亡，不能人为地使生命非正常死亡，拒绝人为地断送生命，那么这第三义说的是个体自身有权利使用生命。生命是最贵重的，不能凭情感冲动去轻易使用的。在“不得已”（老子语）的情况下使用生命，那就要理性思辨到生命的最高值。换一句话说，在使用生命之前，个体必须首先觉悟到自身的天生善心和自然智慧，只有天生的善心和自然智慧才能使生命得到最高价值。其次，个体必须面对一种特殊的“不得已”的情况下，才能使用生命。这种“不得已”的情况有四种：1.在判断不改变眼前的情况，必死无疑，这就需要拼死一搏，还有可能获得生的希望；2.在判断不改变眼前的情况，许多善弱者的生命就会遭受死亡，如果牺牲我一人的生命能保存多个生命，那么我可以牺牲自己的生命；3.一个具有善心和自然智慧的人在面对死亡时，如果这个人的生命保存下来可以使许多人的生命免遭涂炭，甚至可以拯救全民和国家，如果牺牲我的生命就能使这个人活下来，我宁愿牺牲自己的生命；4.在判断许多人将遭受一群凶恶之徒残害和杀戮时，如果杀死为首的一个或几个恶徒首领可以使许多人免遭杀害，我宁愿冒着牺牲自己的生命去战斗。在这四种“不得已”的情况下使用生命，是正义的，仍然是坚持了“保命就是真理”。但是，离开了这四种“不得已”的情况和作出非理智判断而使用生命，就是非正义的，就是枉送生命。

修身的第三义，就是要修到懂得“使用生命的价值——舍一命而保多命”。故曰：“夫慈，故能勇”，“勇于不敢则栝”，“兵者不祥之器也，不得已而用之，銛袭为上，勿美也。”

（六）批判蔑视生命的几种流行观点

我们经常听到主人训斥奴才的一句俗话：“你这条狗命能值几个钱？”“你天生就是一副贱骨头！”《水浒传》里李逵的一句话也成了俗语：“我这颗头是为哥哥长的，哥哥需要就拿去。”这是多么惨无人道、令人痛心的话啊！可是中国人听得习以为常，说得十分顺口，不认为有什么不合适。这些俗话显然是从儒家的“三纲五常”里演绎出来的，只不过大儒们说得不那么粗俗，更文雅些：“君要臣死，臣不得不死；父要子亡，子不得不亡。”“饿死事小，失节事大”，“杀身成仁”，“舍生取义”，“士为知己者死”……这些话，显然与老子的“贵为身”观点相悖。

1. “仁义”论是人的生命等级论，是反天道的谬论。

“仁义”论的核心是“三纲五常”的伦理思想，把人囚禁在等级森严的礼制里，这就必然演绎出人的生命也是等级森严的。生命最贵重的是天子（君主），然后依次是侯王、皇族、大臣、官吏、主子、百姓、奴仆；在性别中，男性生命比女性生命贵重。天子的生命使用权属于自己，臣民的生命使用权属于天子（君主），百姓的生命使用权属于主人，等等。除天子一人外，任何个人对自己的生命没有使用权。于是，“忠君”“忠主”“为知己”而死，死得其所，是忠臣，是英烈，是节妇。“殉葬”、“殉主”“殉夫”都成了“杀身成仁”“舍生取义”的仁义壮烈死亡。而逆君、叛主、背夫而死就成了犯上作乱的不仁不义的死有余辜。于是，争权夺利、发动战争等大大小小的草菅人命、生灵涂炭事件都是仁义的。“仁义”论就这样把自然属于每个人的生命权利剥夺了，交给了强人支配。这种“仁义”论是人的生命等级论，很显然是与“贵为身”论相反的，是反天道的：“天地不仁，以万物为刍狗；圣人不仁，以百姓为刍狗。”“天道无亲，恒与善人。”“圣人恒无心，以百姓心为心。”

2. “英雄主义”是帝王愚弄民众的草菅人命的反人性的谬论。

布鲁诺说：“一个需要英雄的国家，才是可悲的。”

英雄时代是一种愚昧、野蛮、落后的小农经济时代，“仁义”论是英雄时代（小农经济时代）的产物，英雄主义是从“仁义”论演绎出来的一种荒谬的生死论。它赞美杀人，赞美非正常死亡，美化忠君战争。在儒学里，有许多称颂英雄主义的褒义词句：忠烈、满门忠烈、英烈、烈士、英雄、英杰、英豪、豪杰、义侠、义士、义勇、勇士、猛士、民族英雄、烈妇、节妇、千秋伟业、万古流芳、精忠报国……这些古老的褒义词句，有些原原本本保存下来了，有些演化为现代汉语的褒义词句："生的伟大，死的光荣。""砍头不要紧，只要主义真。""为主义壮烈牺牲。""为真理而死。""见义勇为。""一不怕苦，二不怕死。"

如果人们冷静下来，独立思考一下，理智分析一下，就会发现这样的疑问：什么人称得上英雄？谁需要忠君忠主的英雄主义？英雄们为谁而牺牲？英雄们死得其所吗？英名比生命贵重吗？

什么人称得上英雄？按"仁义"论来解释，忠君忠主而死的人才称得上英雄。英雄必须杀人，或者忠君忠主自杀殉忠，或者为君主去杀君主的敌人，杀得越多，越是英雄。

谁需要英雄主义？当然是政治野心家、帝王、元帅、将军、盗头、匪首。只有英雄主义，政治野心家才能发动打天下的战争，帝王才能坐天下，元帅、将军们才能功成名就（一将功成万骨枯），盗头匪首们才能打家劫舍、杀人放火。只有民族英雄主义，帝王才能发动扩张领土战争，才能完成一统天下的伟业，才能抗拒民主思潮。百姓们不需要忠君、忠主的英雄主义，不需要杀人英雄。对于百姓来说，最好不要使用“英雄主义”这个词，如果万一要保存“英雄”这个词，那要重新解释为正义之士。

英雄们死得其所吗？英名比生命贵重吗？考察了上面的一些问题后，中国的黄帝以后都是处在英雄时代——愚昧落后的农耕社会传统思想就是“仁义”论中的英雄主义。帝王、匪首需要英雄和宣传美化英雄主义。凡礼制社会的英雄都是为忠君忠主而死，都是杀人成英雄。所谓英名都是拿生命去换取忠君忠主的名誉，都是帝王匪首自封或恩赐给同伙杀人犯的美名。而按老子的观点，人的生命所有权是属于天地的，自然而生又自然而死；生命的使用权是属于生命体自身的，保命就是真理。在为保多个生命而“不得已”自愿牺牲自己生命的情况下也是为了保命。而帝王、匪首美化英雄主义，是剥夺部属和臣民的生命权，把赏赐的美名和财货看得比生命还贵重，是违背“保命就是真理”的天道、人道的。英雄们自愿把生命使用权交给帝王、匪首，是一种愚昧，是被愚弄了：既蔑视自己的生命，也蔑视别人的生命，是违背“保命就是真理”的天道、人道的。英雄们的死是死于非命，没有什么“死得其所”。他们的英名随着农耕社会和礼制社会的灭亡而灭亡，成为后人谈笑和叹息的历史资料：“滚滚长江东逝水，浪花淘尽英雄……古今多少事，都付笑谈中。”“布衣中，问英雄。王图霸业有何用？禾黍高低六代宫，楸梧

远近千官家。”（马致远）

3. “个人为组织而牺牲”。这是头目们愚弄组织成员的草菅人命的反人性的谬论。

人是群居动物，是社会动物，其群居就成为社会共同体的一员，是为生命得到安全和维持生命的生活必需品得到保障，而不是为了某个社会组织或组织头目去死亡。所以，凡合天道、人道的社会组织的目的，是保障成员的生命安全和生活正常进行。在礼制社会里，出现了这样的利益集团组织，号召成员为组织和组织的头目而死，成员入组织要宣誓：“为组织而牺牲个人的一切和生命。”这种组织不管其名称多么好听，五花八门，也不管政治的、宗教的、经济的，它们的组织性质是一样的：为实现头目的理想而视成员的生命如草芥，是违背天道人道的，通常被善良人称为黑社会组织、邪教、盗匪团伙。这种组织在野时就是黑社会组织，执政时就是盗匪政府或流氓政府。例如，阿富汗的塔利班组织。凡为这种组织和这种组织所宣传的“主义”而死的人，都是犯罪，死有余辜，并不是什么“为真理而死”。由此，人们可以找到一个衡量社会组织的标准：凡是保障成员生命安全的组织都是善的，凡是要成员为组织牺牲生命的都是恶的，是黑社会组织，是邪教组织。

4. “生命诚可贵，爱情价更高。若为自由故，二者皆可抛”，是诗人的激情，不全是真理。

这首诗就后两句而言是真理。自由，是生命存在和成长的自然条件和权利。如果生命的存在和成长的自由被剥夺了，则生命就不保了，就遭到了禁锢和侵犯；为了保命，就首先要争取自由；打破禁锢去争取自由，生命有可能不保。这就出现了两难选择，就有一个对生命价值的评估问题。如果牺牲一个生命或少数生命能保存多少生命自由权利，就应该牺牲一个生命或少数生命；如果要牺牲多数生命才能保存少数生命，就不能作选择。所以，这首诗后两句坚持了“保命就是真理”。

这首诗的前两句就不是真理，只是一种激情。生命与爱情作比较，保存生命在先，追求爱情在后。现存的生命是繁衍生物的先决基础和条件。爱情，是天地造生物时为了让生物自生而赋予生物的一种激情，是后续生命产生的一种方式，应该后于现存生命。爱情的价值高于生命是颠倒了先后次序，是螳螂的价值观。所以，苏格拉底、柏拉图从哲学的理性高度鄙视荷马一类的诗人失去了理智思辨能力。

5. “二十年后又是一条好汉”，是迷信，不合天道。

“二十年后又是一条好汉”，是许多勇士们和亡命之徒勇于去死亡的口头禅和理由，意思是死了后又去投胎为男婴，二十年后又长成了男子汉。这是“轮回”论，在前文“复命”论中已有批判。人死不能复生，个体生命的灵魂和肉体都消散了，哪有另一次投胎凝聚为同样一个人的道理？这是迷信，是老子的“复命”论所要破除的鬼神迷信。

6. “鸟为食亡，人为财死”，是财迷心窍，不合人道。

这是一句谚语，是许多人为钱财而死和谋财害命的理由。“鸟为食亡”，这句话是正确的。鸟为了保命而觅食，有时难免在觅食中死去，是一种自然死亡。“人为财死”，就是荒谬的。人也是为保命而求食，不是为了求财而亡命。在出现了钱币的社会，食物成了商品，用钱交换。人需要足够的生产投资和购买食品的钱币来维持生产和生命，但是不需要储蓄多余的不投资生产又不购买生活用品的钱财。过多的钱币就应该投入到生产中去和分散给生活用品缺乏的人，不能过多地储蓄起来不用，更不能囤积居奇，成为守财奴，或陪葬入墓。人获取钱财的正道是“做自己应该做的事”，而不是不劳而获，更不是靠谋杀别人的生命而谋财害命。所以，老子批判“取食税过多”“金玉盈室”“多藏”和“损不足以奉有余”，主张“民自富”，“损有余而补不足”。老子问：“身与货孰多？”当然是“货多”而求之不足，“身一”而失之则无。身是本一，货是多末，贵身而贱货。俗语云：“生不带来，死不带去。”何能为财死？俗又云：“命只一条，死不复生；财是身外之物，有生有失。”何能“人为财死”？

7. “禁欲主义”是反人性的，非正义的。

人要过节制生活，不能过禁欲生活。损己利人是不正确的，要于己于人都有利。天地造生物，赋予“有欲”。“有欲”是人性中的自然属性，是不能人为地除掉的，除掉了“有欲”去禁欲是反人性的。禁欲主义主要是禁止色性欲和食肉欲，主张独身主义和素食主义。就个体生命健康而言，人为地压抑性欲，则势必压抑了身体内正当的生理需求，造成内分泌紊乱，损伤身体健康，造成精神抑郁症。肉食有利于神经细胞的成熟和智力提高，完全素食，不利于智力发展。就人类生存而言，禁止性欲，人人成为阉人，不繁衍生命，人类就只有一代人了，灭绝了。禁欲主义者是没有人类责任感的人。就社会而言，禁欲者往往向两极发展。其一，性欲更旺盛，不明媒正娶，却暗自通奸、强奸、嫖娼，扰乱人伦和正当的男女关系。其二，彻底禁欲，独身者增多，在青壮年时不为生育和抚养担负责任，到老了却把养老负担转嫁给其他人的后代，是毫无社会责任的一群人。禁欲主义比纵欲主义对个人、社会和人类更有害。所以，老子主张“有欲”，反对禁欲；主张用“无欲”节制纵欲。保命，就不能禁欲。

8.“纵欲主义”是反人性的，非正义的。

纵欲主义，是追求个体肉体需求的快乐和享受，不顾及他人的感受。损人利己是不对的，要做到利己也利人。不管是伊壁鸠鲁的美名曰“善”的快乐主义，还是边沁的美名“计算”的快乐主义，都是以个体快乐感受为标准的，没有什么“善”和“计算”。这种无节制地追求个人肉体需求的快乐，在政治上导致强权政权，在社会关系上导致弱肉强食，最后导致极少数人获得了纵情纵欲的快乐和绝大多数人极端痛苦的两极分化。例如礼制下的皇帝三宫六院、官吏三房四妾和绝大多数下层人贫困不能结婚成家。所以老子主张“无欲”节制纵欲，主张“治人事天，莫若啬”，“损有余而补不足”。

“贵为身”论小结：“贵为身”论是善恶论中的一个最基本的最简单的原理，也是“甚易知”“甚易行”的通俗原理。可是，自从有了皇帝以后，这个简单易行的原理被帝王和附庸文人制造的像刺蓬芭茅一样的伪智慧给掩蔽了，变得复杂玄奥起来。老子从天道、人道的高度，披荆斩棘，铲除了伪智慧，使“贵为身”复原了真相：人活着就是为了保命、活命，个人参加一切社会活动都是为了保命、活命，个人建立国家政权是为了使全体国民的生命得到安全保障。保命、活命高于一切，活命哲学就是真理，就是善道，就是正义的。相反，一切蔑视生命、剥夺别人生命权利的组织、政权以及人生观都是荒谬的，是非正义的，是恶性的，是违反人性天道的。老子的“贵为身”论具有巨大的理论价值和实用价值。

四、“善行无迹”论：善行是善心之用的自然行为，不图名声和回报

一看到这个题目，很明显与儒家的机智忍耐的中庸之道、追求功名利禄、报恩复仇观点相反，与侠义行为相反，与现今流行的义务行为、功利行为划清了界限。又是一个一反传统道德伦理而令人不愉快、不习惯的理论，认为“善行无迹”者愚蠢，不知道权变机智。

老子云：“善行者无辙迹，善言者无瑕适，善数者不用梼析，善闭者无关籥而不可启也，善结者无纆约而不可解也。是以，圣人恒善俅人，而无弃人，物无弃财，是胃愧明。故善人，善人之师；不善人，善人之齎也。不贵其师，不爱其齎，唯知乎大眯，是谓眇要。”（第二十七章）

“善者善之，不善者亦善之，德善也。信者信之，不信者亦信之，德信也。”（四十九章）

“不可得而亲，亦不可得而疏；不可得而利，亦不可得而害；不可得而贵，亦不可得而贱，故为天下贵。”（五十六章）

“道者，万物之注也，善人之葆也，不善人之所葆也。美言可以市，尊行可以贺人。人之不善也，何弃之有？”（六十二章）

“为无为，事无事，未无未。大，小之……多易，必多难。是以，圣人犹难之，故终无难。”（六十三章）

老子的观点是：善道把善“注”给了人，是“善人之葆”，也是“不善人之所葆”，人人皆具善心和自然智慧。人的善行，是人的善心发出的自然行为。行善，并不讲什么亲疏、贵贱、善恶、恩怨，也不知道什么个人的功名、义务、功利、利害，更不知道什么“大谋”“忍术”、机智、权变，只是凭善心去做，不在乎留没留下名节和人们的评价。总之，不是图什么个人利益而勉强去做给人看的，是纯自然的行为，没有丝毫的人的刻意行为。这就是老子的“善行无迹”论。老子的“善行无迹”论流传下来了。现在人们常说：“做人要有良心。”“我只凭良心做事，不需要什么表彰和回报。”“这个人良心未泯灭。”“这个人是大善人，可信。”“天下好人多。”“好人一生平安。”“这人是个善人，做好事，不能害他。”

老子用简洁的语言概括了个人的五种典型善良行为，告诉人们什么样的行为是善行，鼓励人们行善。这五种善良行为是：善良人的行为没有像车子在道路留下的辙迹那样留下迹象（无意为善而为善，不按预先的目的和计划去行善，不留下迹象），善良人的话语没有谎言恶言（无意劝善而劝善，话语从良心发出，不骗人，不伤害人），善良人的经济收入支出不使用计算工具去精心计较得失（不在乎个人财富多与少，也不计算他人，心中自然有数），善良人的安全防守不用人造门锁，心中自有天锁而牢不可破（凭善心待人，心中无愧，不怕半夜鬼敲门，一生平安），善良人与人的结交方式，不需要强制约束而友情不消散（以善心结缘，友谊长久）。

老子所说的这五种善行，是从天道、人性的高度上提出的，要人凭善心和善行来造就一个善良正义的人性的“太上”社会。这五种善行，对于儒生和生活在礼制下的人来说，是不可理解和接受的，他们会把这五种善行讥笑为愚蠢的行为。但是，世上却有许多人不理会被人讥笑为傻子、书呆子，一生坚持这五种善行。这五种善行之间具有密不可分的关系，本是一种善行，能做到一种，其余四种都能做到，所以是容易做到的。例如，有的发明家和商人，遵循自由贸易原理赚到了许多钱，但他并不认为这大笔财富应归个人和家人独自享受花光或陪葬入墓，而是把财富分发给对人类有贡献的人或捐献给慈善机构去救助生活困难的人。如诺贝尔、比尔·盖茨等。有的善良人虽然贫困，但保持了善心，一生不做亏心事，专做善事。

由以上论述，我们就能用老子的“善行无迹”论来批判儒家传统的仁义伪善行为和行侠仗义行为，来辨析权利和义务责任行为。

（一）“善行无迹”论划清了与“中庸之道”的界限

儒家“中庸之道”，简称“中道”，是“仁义”之行之用，是儒家君子们在待人处世时奉行的伪善之道，其实是亲疏尊卑之道。“中庸之道”被儒家君子们吹嘘“天下之大本”，天地的公正之道，道德准则。它貌似老子的平等公道观点，其实本质绝然相反。

“中庸之道”，首先假设了一个前提：事物和事理是一条线段，有中点和两端三个点或三个部分。君子处世待人处在中心部分，对两端不偏不倚。这样，一方面，君子使自己处在避害趋利、明哲保身的位置上，利己了。另一方面，君子就以中道待人处世，谁也不得罪，各打五十大板，公道了。中庸之道在使用时是一种机智权变之术，教育儒生们在待人处世时，首先要考虑到自己的利害关系，使自己处于有利境地，不要使自己处在险境中。再次考虑到亲疏尊卑关系，不可伤害亲的和尊贵的一方。再次权衡双方强弱和胜负的可能，只能胜，不能败，至少是自己能脱身。说话要“名正言顺”，使胜者悦服，使败者折服。这样，在他人看来，就做到了道貌岸然、公正不偏了。子曰：“危邦不入，乱邦不居。”“天下有道则显，天下无道则隐。”“子为父隐。”教导的都是君子要机智权变、明哲保身的中庸之道。

而在老子看来，“中庸之道”不是善行之道。首先，那个假设前提是虚假的，不是真实存在，是人为智慧——伪智慧。事物和事理是一个整体，是一个圆，不是一条线段，不可分出中心部分和两个极端：“营魄抱一”，“大制无割”。其次，对于事物和事理，任何人都无法找到中心部分和确定两个端点。对于人是无法分为君子和小人的，待人处世更不可能不偏不倚。圣人待人处世，以整体对待，以善心对待，以平等对待，不弃人，不弃物，使双方都得利，都得到感化。圣人行善，无意行善，并不先去考虑自身利害关系和权衡势力、利弊，目的在于“恒善怺人”。如果首先分出君子和小人，考虑自己的从中得利和受人崇敬，去找那个中点，则是首先在谋划，不是行善，而是伪善，甚至是行恶。

（二）“善行无迹”论划清了与“忠恕”之道的“以直报怨”的界限

曾子曰：“夫子之道，忠恕而已矣。”（《论语·里仁》）。“或曰：‘以德报怨何如？’子曰：‘何以报德？以直报怨，以德报德’。”（《论语·宪问》）“子曰：‘君子而不仁者有之，未有小人而仁者也’”。（《论语·宪问》）

何谓“忠恕”？朱熹云：“尽己之谓忠，推己及人之谓恕。”《正义》云：“己立己达，忠也；立人达人，恕也。二者相同，无偏用之势也。”《大学》曰：“挈矩之道。”《孟子》曰：“老吾老以及人之老，幼吾幼以及人之幼。”《中庸》曰：“忠恕违道不远，施诸已而不愿，亦勿施于人。”《论语》：“已所不欲，勿施于人。”“我不欲人之加诸我也，我亦欲无加诸人”等等，都是忠恕之道。《蒋伯潜注》：“并谓‘君之道’。当以所求乎子者，事父；所求乎臣者，事君；所求乎弟者，事兄；所求乎朋友，先施之……孔子之道，虽千端万绪，其实都是一贯的，不过‘忠恕’二字而已。”

说孔子之道“一以贯之”是“忠恕”二字而已。那么“仁义”何在？说“一以贯之”是“仁义”，那“仁义”所本的“恻隐之心”何在？“恻隐之心”又本于何处？四书五经都回答不了这些问题。四书五经对形而上学一窍不通，没有本体论、大道论（宇宙论），只根据“忠君、孝父、从夫”的“三纲”来就事论事，就人论人。说“这理”，“这理”就是本，就是“重”；又说“那理”，“那理”又是本，又是“重中之重”。理理是“本”，事事是“本”，其实无“本”。所以可以得出结论：四书五经是一大堆杂乱无章的以“三纲五常”为标准去做人的经验知识，只有《孟子》稍有逻辑性。（详见我的《中国哲学简史和儒家法家思想之批判》，此处不详述，只说“忠恕”。）

“忠恕”大概说的是“仁义”之行之用，并且是说在待人处世的所想、所言、所行。其一，“忠恕”是“君子之道”，是君子与君子之间的言行互待，并不包括“小人”，因为“未有小人而仁者也”，“唯仁人，能为爱人，能恶人”，所爱的是君子，所恶的是小人。这样，《大学》中的“挈矩之道”就不是宋儒张载所说的“以众人望人则易从”和今儒蒋伯潜所说的“无论对于上下左右前后的人，都应当于此”的“一般人”的“忠恕”。其二，“忠恕”之道是“君子以人治人”之道。1.君子互爱（“仁者，爱人”），对君主则尽忠，对父亲尽孝，对兄长尽悌，对朋友尽义（“先施”）。只有君子之间才有共同的所爱所恶。所恶的“己所不欲”，则不可“施于人（君子）”。2.君子厌恶小人（“能恶人”）。对“小人”，君子要共同去治（“劳心者治人”），强迫“小人”为君子服劳役（“民可使由之”），不能让“小人”懂得“君子之道”（“不可使知之”）。“小人”要越礼犯上，则以刑之。“小人”只能“忠”于“君子”，“恕”于“君子”；而“君子”不可忠于“小人”，“恕”于“小人”。

从以上所述的两层意义来说，“忠恕”是君子之行的“一以贯之”的行为。但这种“忠恕”的行为，在老子那里，不是平等待人的善行，更不是从天性善心中自然发出的“无迹”善行，而是讲亲疏尊卑的恶行，追逐功名利禄的有迹恶行。

何谓“直”？蒋伯潜说：“所谓直道者，《朱注》所谓‘爱憎取舍’，一以之公无私是也。”蒋伯潜继续解说：“意思是，人家有怨于我，我以直道报他；人家有恩德于我，我也以恩德报他。”蒋氏解说正确。孔子“爱憎分明”，“直道”就是有怨报怨，有仇报仇，有恩报恩，有爱报爱，可谓“大公无私”了，“公道”了。“中庸”“忠恕”不适用于与“我”结怨仇的“小人”。孔子的“以直报怨”反驳了老子的“以德报怨”。在此处，孔子不敢直接点老子的名，而用“或”这个代词，可谓是“畏大人言”的机智反应。可见，后来中国人流传的“怨仇宜解不宜结”不是孔子观点，而是老子观点；而“有仇报仇，有恩报恩”不是老子观点，而是孔子观点；“士可杀不可辱”也是孔子观点，而不是老子观点。可见，儒生们不会理解和接受，甚至会讥笑老子的观点：不分是非，不懂恩怨，不辨善恶，无公无私，不忠不孝，无尊无卑，无亲无疏，禽兽也。

（三）“善行无迹”论划清了与功名利禄观点或功利主义的界限

追求功名利禄是儒家伦理学的主要内容，是儒生君子们的人生目标。《论语》云：“君子疾没世而名不称焉，吾何以自见于后世哉！”“不仕无义。长幼之节不可废也，君臣之义如之何废之？欲洁其身而乱大伦。”“事君，敬其事而后其食。”“君子谋道不谋食。耕也，馁在其中矣！学也，禄在其中矣！君子忧道不忧贫。”“志士仁人，无求生以害仁，有杀身以成仁。”

孔子说话，语无伦次，表达含糊不清，我们只能从其隐晦含义中来猜测他的意思。上面几段话是谈君子学道和行道的目的和行为，可以归纳为这样几点：1.“君子谋道不谋食”，不是说君子只求道，不求食物丰富和财富占有，而是说不要像小人怀惠怀利那样去直接从农从商获得财富，而是拐过弯儿去做官来获君禄及不劳而获的大财富。直接去谋食，就“馁在其中矣”；间接去谋食，就“禄在其中矣”。学道就是学谋食，食在道中，道即是食：“书中自有黄金屋，书中自有颜如玉。”此“食”（财富）是利禄，是君赐，是“取之有道”，余皆取之无道。孔子还说，在有道天下中，君子贫穷就是耻辱，君子富贵就是光荣；为了富贵，“吾为执鞭者也，御也”。这就是君子求富贵之道。用现在人的话来说，是一种寄生虫之道。2.学好了君子谋食之道（寄生虫之道），就要去入仕做官（附着在帝王礼制机体上），如果“欲洁其身（独善其身）”，就是“乱大伦”，不是君子的寄生虫之道。孔子诅咒不去为帝王礼制做帮凶的善良文人是“乱大伦”的人，孟子诅咒墨子是不忠不孝的禽兽：“不仁无义。”3.君子最大的人生目标是忠君获禄和获流芳百世的英名，君子最大的失败或遗憾是没有入仕做官留名于后世："君子疾没世而名不称焉，吾何以自见于后世哉！" 4.忠君英名重于生命，不能为了保命而损害"仁义"——忠君英名，为了忠君英名（"仁义"）可以"杀身"："无求生而害仁，有杀身而成仁。"

以上四点就是孔子等儒生君子们追逐的学道行道的道德准则：谋食、谋禄和谋忠君英名，既能自己富贵，封妻荫子，光宗耀祖，又能随着君主之伟业流芳百世。这种君子之行，是寄生虫之行，显然与老子的"善行无迹"论相反。

西方也有一种功利主义，不管动机和目的，只承认一切行为的功利效果，显然与"善行无迹"论相反。

（四）"善行无迹"论划清了与行侠仗义的界限

古文侠，同夹。《六书正伪》："从二人，大夾，言挟，以权力使辅人也。"意思是：侠，三人同是非，以力相助。同是非，是好恶相同，用体力行暴相助。又可解为：侠，杀也，为朋友杀非朋友。侠，乐杀人也。仗义，重感情，首先重亲情，推及重朋友情。义，可以出售，用钱买侠。侠客，杀手也。行侠仗义，表面上看是单个人独来独往行为，其实是一种团伙意志表现出的团伙行为。中国最著名的侠客有荆轲，行侠仗义的典型事件是荆轲刺秦王。荆轲刺秦王的动机和目的是报知遇之恩，获"舍生取义”的美名。荆轲是卫国人，卫国不用他。他游侠到许多地方，都被驱赶，到了燕国遇太子丹，太子丹重用他。太子丹令他去行刺秦王，荆轲为报知遇之恩，就去“舍生取义”。秦王本与荆轲没有个人恩怨关系，荆轲是“士为知己者死”去杀朋友的敌人。这是“义”，是讲“义气”。很显然，荆轲的行为不是发自自然善心的善行，不是不求功名的“善行无迹”行为。中国最著名的结义事件是刘、关、张“桃园三结义”。刘、关、张是为一个政治目的——保刘氏天下而结义的。关羽死了，刘备为讲“义气”，为关羽报仇，不惜发动百万人大战，死了几十万人。还有李逵，为了劫法场救宋江一人的性命，操起板斧，排头砍去，杀死许多无辜的看客。诸葛亮也是个大侠客，忠于刘备和刘禅，六出祁山，完全出于报刘备“三顾茅庐”的“知遇之恩”。

中国的古典小说戏剧多数写的是行侠仗义的人物和事件，《三国演义》《水浒传》《隋唐英雄传》《三侠五义》《七侠五义》等。行侠仗义可以概括这样几种类型：①以血缘为关系的亲情型，为亲人报仇，为族人报仇，为宗族械斗。②以君臣、主仆为关系的忠义型。为亡国君主复仇，为死去的主人复仇，为保护君主、主人的血脉而牺牲自己和儿女的生命，如《赵氏孤儿》。③以知己、朋友为关系的情义型。为知己而死，为朋友去杀朋友的仇人。

④以结党营私为关系的党团组织型。结党营私，争权力地位乃至争夺天下，去杀异党异派的人。⑤以学术同道为关系的门派型。多发生在武林界，也发生在学术界。为独尊一门而杀异派别门，报师仇，报同门人仇，如孔子杀少正卯。⑥以赢为目的关系的帮派型。大多是下层黑社会组织。⑦出于爱憎分明的路见不平、拔刀相助的单个人行为，凭自己个人的善恶、好恶的情绪来判断是非强弱，对憎恶的一方施行暴力杀戮行为，美其名曰："除恶扬善，扶弱抑强。"

凡行侠仗义者都喜欢说自己是"替天行道"，后人颂扬行侠仗义的都说"侠客是义士"，是"除恶扬善""爱憎分明"。那么，那是行的什么道呢？是怎样的善恶观点呢？答曰：那是儒家的"仁义"之道，"忠恕"之道，功名英雄之道，亲疏尊卑之道，君子不耕不织的谋食之道。那善恶观点是以"仁义"为标准的观点，亲则善，疏则恶；同道则善，异道则恶；尊则善，卑则恶；知己则善，不知己则恶；有恩则善，有怨则恶；忠则善，奸则恶；顺从则善，叛逆则恶……一句话，全凭个人所受的"仁义"习染而产生的情绪来评判善与恶。原来儒、侠是一家，只有在朝做官和在野为匪之分别。行侠仗义，大多数是在江湖，所以又称江湖义气。在野者，当然心存不平，有愤怒，就要去争权夺利和求功名。无法争到忠君之利禄和功名，就另行一种方式——行侠仗义，争得利益和侠客之美名。如能招安，就争得在朝的忠臣美名了。所以，大多数盗匪团伙和侠客都能被朝廷和官家所用，或与朝廷、地方官勾结，欺压百姓，官匪一家。最著名的有《三侠五义》御猫展昭和在野的白玉堂等“五鼠”。

分析到这里就可见侠客并非善良之辈，并非悟道之辈。行侠仗义是不合理的专制社会里出现的一种怪现象，是国民的另一种祸害。韩非把儒、侠列为五蠹之内是有道理的。行侠仗义与老子的“善行无迹”毫无共同之处。

（五）“善行无迹”论划清了与义务责任论的界限

义务和权利，是依据善恶论的原理制定出的法律条文，属于政治学的法学范畴，不属于伦理学范畴。一个人的义务和权利，在不同的社会制度下有不同的内容，有善有恶。义务和权利是人的有意作为，是在法律的威严和世俗舆论的压力下被迫行使的。例如，抚养和赡养的义务和权利。在中国帝王礼制下，抚养和教育子女的义务和权利是父母的，赡养父母的义务是儿子的，其他人和社会没有抚养教育儿童和赡养老人的义务。社会就有指责父母不抚养儿女和儿子不孝顺父母的舆论。在福利社会，抚养、教育儿童的义务由社会承担，赡养老人的义务也由社会承担责任，父母和儿女只有情感关系。

老子的“善行无迹”是发自天生善心的自觉行为，属伦理学道德范畴，不受法律和世俗舆论的约束，是自由的。所以义务和权利与“善行无迹”论不是同一个范畴。所谓道德律令是不存在的。

现在，举几个事实例证来证明“善行无迹”论与中庸之道、行侠仗义、功名利禄、义务责任的不同。

例证一：有甲、乙、丙三个人去看望一个住院治病的村长。甲说：“在我没饭吃的时候，你给了我一百元钱，救了我无米之炊。滴水之恩，当涌泉以报。”甲说着，给了病人一千元钱，就走了。乙说：“村长呀，你是有地位有名望的好人，我怎能不来看望你呢？希望你早日康复。”乙说着，把病人暂不能吃的包装得很漂亮的礼品放在病人床头柜里，就走了。丙说：“我听说你患了痔疮住院，我有一个学生在同济医院外科做医生，我陪你到同济医院去确诊一下，再治疗。”丙的心里还有一句话因忌讳而没有说出口：“你可能患的是直肠癌。人命关天，我能不来吗？”丙是空着两手来看病人的。病人的家属对甲、乙赔笑迎送，感激不尽，而对丙很冷淡，因为丙曾经警告过村长：“当官莫作恶，作恶多端必自毙。”躺在床上的病人，对丙的到来先是吃惊，再是感动：“只有你才关心我的病情，我听你的。”丙陪着病人到同济医院检查，病人患的不是痔疮而是直肠癌，幸好没扩散，动了手术就好了。从此，康复了的村长再不骄横了，经常做善事。

案例分析：甲的行为，是为了感恩图报，按情感义气办事，同时有还债的义务感。乙的行为是为了功名利禄，看望村长是为了讨个好名声，也为了村长康复后给自己一些利益。如果不看望村长，怕名声不好，村长康复后不给自己好处。甲、乙的行为都称不上“善行”，更称不上“善行无迹”。丙原本不喜欢村长，但在人命关天时，身不由己地去关心病人的生命安全，是出自善心，不弃人，是善行，称得上“善行无迹”。

例证二：有一个七十八岁的老婆子病得生活不能自理了。她有两个儿子和一个小叔子。两个儿子和儿媳都不给她治病，也不服侍老人。大儿媳说：“我每月按数给了母亲粮油，尽孝了。”二儿子把十瓶过了期的氨基酸给母亲喝，说：“我买了药给母亲，尽孝了。”小叔子每日从十多里远的学校来回两趟料理嫂子，给嫂子治病，喂嫂子吃，服侍嫂子大小便。大儿媳说：“老人死了是福，我叔父给我母亲治病，是增加母亲的痛苦。”二儿子说：“我母亲要外人管什么？叔父是为了自己讨名声，坏了我们做儿女的名声。”房长听了大儿媳和二儿子的话，就抱打不平，训斥他们说：“你们不孝，还冤枉你好心的叔父，真是两个恶人，畜牲！”房长要整大儿媳和二儿子的家规，罚酒席。族长来了，了解了情况，说：“我说句公道话。

你们给了粮油和药，是尽了孝了。没时间照料老人，你叔父来照料，是件好事，不应该说叔父的不是。你叔父是好心办了件不好的事，要照料老人，应该得到你们同意，不得到你们的同意，就坏了你们的名声，还闹得家人不和。”大儿媳、二儿子和房长都觉得族长说话有理。老婆子的小叔子听了，就没来照顾嫂子了。可是第三天，他不放心，又去看嫂子。他看到嫂子床上床下都是屎尿，就忍不住泪水直流，又默默地照料起嫂子来。

案例分析：大儿媳和二儿子给粮油给药，是在尽赡养义务，但义务尽得不够。两人都指责叔父，是两人害怕坏了自己的名声，其实是在争功名。房长说真话，是在打抱不平，行侠仗义；同时也是在尽房长管理的义务责任。族长的话是在行中庸之道，是在表现族长的公道和尊严，当然也是在尽管理及义务责任。以上四个人的行为，都称不上善行，更称不上“善行无迹”。小叔子本无赡养嫂子的义务，讲叔嫂之情，只看望看望就行了。小叔子却来照料嫂子，是在行善。只有行善，才不受世俗舆论指责和族长说的中庸之道的束缚。

第六节

论恶——人性本善，习性有恶

恶本属于善恶论的范畴，应在第五节善恶论中论述。为什么要另列一节论述呢？因为恶一直是伦理学上争论不休的命题，也是至今无确定答案的命题，具有理论上的特殊地位，另列一节，以示重视。

人性本来是简朴的：天生的善心和自然智慧；人生本来是简单的：自然而生，自然而死。之所以人性被弄得复杂纷繁，人生被弄得轰轰烈烈或悲悲切切，都是因为后天的习性有恶。

恶，也是老子伦理学的重大课题。在《道德经》里，没有善和恶意义上的“恶”这个概念。“美为美，恶”的“恶”是“厌恶”的“恶”音，是与“美”相反的“丑”的意思。“恶”在《道德经》里被称为“不善”：“皆知善，皆不善矣”。“善”与“不善”相对，“不善”就是“恶”。但是“不善”比“恶”在情感色彩上要平淡温和得多，不容易激起仇恨情绪，可见老子对人的平等态度和宽大心胸。

老子体系关于“恶”的基本观点是：自然无恶，人无恶性，但人有恶念恶行；世无恶人，但有恶事恶理、恶习；惩恶，不是惩“不善人”，而是惩罚恶念、恶事、恶理、恶习；惩恶的目的是在“怵人”：既警醒受恶迫害的善弱人，又警醒做恶事的“不善人”：“善者善之，不善者亦善之”。

一、“恶”的产生原因和“恶”的界定

人性本善而无恶的原理具有两个属性：一是不变的“朴”，即天生的善心和自然智慧。二是可变的“怢而欲作”的情欲和生存本能的智慧运用。“朴”是本，是体，“怢而欲作”是末，是用。不变的“朴”是节制可变的“怢而欲作”。如果“末”依“本”，“用”依“体”，则就本末相适，体用相宜，就是“知常，明也”，就是“见素抱朴”，就是“尊道而贵德”的“善”。如果“末”离“本”、“用”离“体”，就是本末不适，体用不宜，就是“不知常，妄”，就是“不知足”而犯罪招祸，就是“失道失德”的“不善”。“不善”到一定的程度，就会受到“朴”的节制“阗”，使“不善”回向到“善”：“将阗之以无名之朴”。

俗云：“天灵灵，地灵灵，头上三尺有神灵。”大道德化出天地宇宙，天地德化出万物和人，那万物和人都是“营魄抱一”体，灵魂组合了质料形成千种万形的物体，随着物体种类的不同，灵魂所发挥出的功能方式也就不

同。所以，物物都有共同的灵魂，又有不同的灵魂功能，灵魂不朽，灵魂功能可朽。所谓既“营魄抱一”，又“万物将自（忕）”。在生物体中，有千姿百态的植物的形状和灵魂功能，有千种万种的动物的形状和灵魂功能，唯有人具有较全面的灵魂功能：生命灵魂、感觉灵魂、理智灵魂。生命灵魂具有求生本能的功能，感觉灵魂具有经验认识的功能，理智灵魂具有理性思辨和悟性的功能。生命灵魂主动性弱，被动性强，最纯洁，最善，所发出的需求和功能都是为了生存下去，是“少私寡欲”——“必要欲望”。感觉灵魂被动性和主动性相平衡，被动性所发出的需求和功能是“必要的欲望”，是善的；主动性所发出的需求和功能是不必要的欲望，是侵犯，容易犯经验错误。但由于两者相平衡，在“必要的欲望”得到满足后，“不必要的欲望”就停止了。理智灵魂被动性弱，主动性强，所发出的需求和功能最为自由。如果理智向下，为感觉灵魂所控制，就增强了感觉灵魂的主动性，增加了“不必要的欲望”，使感觉灵魂中的两个欲望失去了平衡，使人产生“可欲”——贪欲和不受节制的自由意志，这就产生了“不善”——恶。如果理智灵魂向上，去进行理性思辨和悟道，就会体悟到形而上的本体，认识到善，自觉地自由地发挥灵魂的各种功能，追求善的欲望，把感觉灵魂提升到理性上来，节制感觉灵魂的两种欲望和功能，这就是

"善"，并且比生命灵魂的"善"在人的认识层面上高了一层，是主动性的"善"。

从上述可知，"恶"产生的原因是：感觉灵魂功能所呈现的"不必要的欲望"，受到理智灵魂的鼓励而不可节制。换一句话说，"恶"就是主动的理智灵魂向下被感觉灵魂的主动性所控制、所奴役，使"不必要的欲望"不停地增长，使自由意志不受节制——"理智为情欲折服为奴"（苏氏语）。简言之，恶就是感觉灵魂的"不必要的欲望"不受理智节制而无限膨胀，从而产生的不善的念头、理论、行为。恶，不是灵魂本身，而是感觉灵魂的功能发生了偏差。所以，灵魂——天生的善心和自然智慧是纯洁的，是不变的，是不朽的，不能说"灵魂是丑恶的""灵魂是可朽的"。但是，灵魂的功能在人的运用上会发生偏差，能污染灵魂。可以说，灵魂——天生的善心和自然智慧受到蒙垢，灵魂的功能是可变的，可朽的。所以，恶不是先天的，而是后天的。

故曰："见素抱朴，少私寡欲。""万物将自怮，怮而欲作，将阒之以无名之朴。夫亦将智足，智以束，万物将自定。""知常，明也；不知常，妄；妄作，凶。""罪莫大于可欲，祸莫大于不知足，咎莫憯于欲得。""自视者不章，自见者不明；自伐者无功，自矜者不长。其在道曰：余食赘行。物或恶之，故有欲者弗居。”“大道废，案有仁义；知快出，案有大伪；六亲不和，案有畜兹；邦家昏乱，案有贞臣。”“天之道，损有余而补不足；人之道则不然，损不足以奉有余。”

老子关于“恶”的观点具有重大的理论价值和实用价值。他一反人的天性有恶和恶不可消除的传统观点，天性本善而无恶，就增强了善人保持“善”和不善人“改恶从善（善回向）”的信心和决心；恶是后天的，是可变可朽的，就增强了人类战胜邪恶的信心和决心。

二、恶是社会现象和恶的习染功能

上文中述说了产生恶的深层次原因，恶不是人性的先天具有的，是感觉灵魂和理智灵魂的功能在后天运用时的一种偏差现象，是人后天在社会活动中的一种“不知常”的社会现象，是人类历史一个阶段性的社会现象，这种恶的社会现象在大道（善道）德化运动中会自然消失，使人类社会回到善道上来。

“恸而欲作”“不知常，妄”的恶念、恶行得以成功的是社会强人。人的天生善心和自然智慧，就其本性而言是平等的、自由的，而人的天资具有先天的差异，天资是天性之用。如果人在社会活动中能找到适合天资的工作，那么人的天性社会发挥得较好；如果人在社会活动中不能找到适合天资的工作，那么人的天性就发挥得较差。如果社会所提供的条件和环境适应于每个人都能充分发挥天资，就无所谓强者和弱者，只有各行各业的专门人才。如果社会所提供的条件和环境不能使每个人都发挥天资优势，那么就出现天资发挥得较好的强者和发挥得较差的弱者。所谓社会强人，就是一种不合天道的社会现象。例如，有人体格健壮，如果把体力运用到体育训练和比赛上取得较好成绩，就是运动场上的强人；如果把体力运用到训练武功，在搏斗、厮杀上取得胜利，就是武功高强的人。如果有人善于冷静思考，把智慧运用到学术研究上，取得成绩，就是思想家、科学家、哲学家；如果把智慧运用到如何害人、杀人而取得胜利，就是阴谋家、军阀。

人类原始的社会活动是单纯的，所有天资都运用在求生存和求性交而繁衍后代方面。当社会出现生活必需品有剩余时，就出现了强人多占的现象。这时的强人都是体力健壮的男人，父系社会的出现标志着体力强人的出现，社会就以武功高强的人来统治了，武功高强的人统治的社会就出现了。武功高强的人统治的社会，是一种野蛮暴力的社会，主要表现在争夺必需品的多藏和对女性的多占，从而出现了权力的争取和领土的扩张斗争。这种强人做统治者，使“必要的欲望”膨胀为“不必要的欲望”，到“不知足”的“可欲”，这就是“恶”。“可欲”是恶念，用暴力实现“可欲”就是恶行。由于强人的影响力大，上行下效，那种恶念、恶行就为社会成员所羡慕和效法，得到宣传和扩大，成为一种社会普遍现象，久而久之，成为一种社会习惯风俗——恶习。由这种不良的习惯风俗所建立的国家，是不善（非正义）的国家。这种不善的国家反过来肯定和加强了不良的社会习惯风俗，出现了歌颂这种不善的强人、非正义的国家和不良的习惯风俗的伦理学理论，又形成了恶的社会传统思想。出生在这种不善的国家、不良的习惯风俗的社会和恶的传统思想文化的社会里的人，就很容易在后天受到习染，继续产生恶念、恶行，一种王朝更迭的恶性循环出现了。故曰：“前识者，道之华也，而愚之首也。”“唯知乎大目米。”“人之不道早已。”

三、恶理论的所属范畴和恶的基本内容

按老子的观点，“善”是人的天性在社会活动中所呈现出的一种合天道人性的无为的上德的自然现象，所以，“善”是跨越范畴的，在本体论、大道论（宇宙论）、德论（灵魂论）、伦理学中都有“善”，善是不能被定义的。“恶”是人的天资在社会活动中所表现出来的一种不合天道人性的过度或缺失的社会现象，所以，“恶”是属于伦理学中的人为的下德范畴。“恶”是能被定义的。

由于“善”是天下人都认为是“好”的，都要追求的，而“恶”是天下人都认为是“不好”的，都厌恶和抛弃的，所以，不善人最喜欢把自己的恶念、恶行、恶习、恶理都有意或无意地说成是善的，而把与自己相反或厌恶的东西说成是恶的，善恶就被混淆了，被颠倒了，使人难以辨别。所以老子就立了一条辨别和衡量善恶的标准：“我的与生俱来的善心和自然智慧。”详见第五节“一”中所述。这条标准比较抽象，难以感觉到，老子就又提出“贵为身”论和“善行无迹”论，使人能具体感觉到善和恶，容易区别出善和恶来。凡是珍惜生命和默默无闻地做利己利人的事，就是善人、善念、善事、善行、善理、善良习惯；凡是蔑视生命、伤害身体、做损人利己的事和宣传自己是行善的，就是不善人、恶念、恶行、恶事、恶理、恶劣的习惯。由此我们就不会善恶混淆或善恶颠倒了，就可以辨别和归纳出恶的基本内容了。

（一）“仁、义、忠、孝、节”的行为是恶行

老子云：“大道废，案有仁义；知快出，案有大伪；六亲不和，案有畜兹；邦家混乱，案有贞臣。”庄子云：“诸侯之门，有仁义。”“狼虎，仁义也。”“仁义攖人心。”嵇康、阮籍就对仁义作过彻底批判和否定。

依据老子的观点，仁义是废弃大道后才出现大伪。仁，讲亲疏尊卑的等级爱，必然要蔑视大多数人的生命，

伤害疏者卑者的身体。义，讲志同道合的朋友，结党的情义，分出君子与小人，这就必然要蔑视多数人的生命，伤害小人的身体。孝，要儿女成为父亲的私人财产，可以任意处置，这就必然要按父亲的意志任意处置儿女的生命："父要子亡，子不得不亡。"忠，要臣民成为皇帝的私人财产，要奴仆成为主人的私人财产，君主可以任意处置臣民生命，主人可以任意处置奴仆生命。节，要妻子成为丈夫的私人财产，丈夫可以任意处置妻子的生命。仁义，与老子的"贵为身"相违背，与"我"天生的善心和自然智慧相悖。可是，诸侯、君王提倡"仁、义、忠、孝、节"，是为了牺牲别人的生命来实现自己的政治野心和满足自己"不知足"的"可欲"。所以，庄子曰："诸侯之门有仁义。""仁义，狼虎也。"仁义，是凶恶的东西，"仁、义、忠、孝、节"的行为是恶行。诸侯、君主是不善人。可是，至今有人崇尚"仁、义、忠、孝、节"，可见"仁义，撄人心也"。

（二）"礼"是恶行，礼制是恶制度

老子云："失道而后德，失德而后仁，失仁而后义，失义而后礼。夫礼者，忠信之泊也，而乱之首也。前识者，道之华，而愚之首也。是以，大丈夫居其厚，不居其泊；居其实，不居其华。故去皮（彼）取此。"

庄子云："善性于俗学，以求复其初；滑欲于俗思，以求致其明；谓之蒙蔽之民……夫德，和也；道，理也。德无不容，仁也。道无不理，义也。义明而物亲，忠也。中纯实而反乎情，乐也。信顺容体而顺乎文，礼也。礼乐遍行，则天下乱矣。彼正而蒙己德，德则不冒，冒则物必失其性也。古之人在混芒之中，与一世而得淡漠焉。当是时也，阴阳和静，鬼神不忧，四时得节，万物不伤，群生不夭，人虽有和，无所用之，此之谓至一。当是时也，莫之为而常自然。逮德下衰，及燧人伏羲始为天下，是故顺而一。德又下衰，及神农黄帝始为天下，是安而不顺。德又下衰，及唐虞始为天下，兴治化之流，消淳散朴，离道以善，险德而行；然后去性而从于心，心与心识知，而不足以定天下；然后，附之以文，益之以博；文灭质，博弱心；然后，民始惑乱，天以反其性情而复其初。由是观之，世丧道矣，道恶世矣，世与道交相丧也。”故曰：“丧己于物，失性于俗者，谓之倒置之民。”“道不可至，德不可至，仁可为也，义可亏也，礼相伪也。”

从老庄的观点来看，礼在仁义之后，是仁义之用之末，是失道失德之用之末，是“德下衰”则圆周运动的最下部分的社会现象。礼和礼制的出现，是人类社会背离道德极远的阶段，是最混乱的阶段，必然要返回到德与道上来：“反者道之动，弱也者道之用。”“物极必反”。所以，礼不值得歌颂，礼制不值得维护。

所谓礼，是指按亲疏、尊卑所规定出的等级森严的繁文缛节。其主要内容有：其一，按亲疏、尊卑、辈分、年龄划出等级礼节，有家庭成员等级，家族辈分、年龄等级，乡里尊卑等级，学校师生等级，官民等级，官场级别，后宫等级……无孔不入，把社会上所有的人都划分到礼仪等级中去，不漏一个人。每个人到了能走路说话时，都要学礼，不能越礼。其二，从日常生活到社交往来，都制定出繁文缛节。1.穿衣的等级礼节，衣、帽、鞋、袜和腰带都规定了布料、颜色等等级，不能随便乱穿乱戴。2.吃饭等级礼节。吃饭时的坐式、座序、先后都作了严格的礼节规定。特别是在筵席上，要排座次，经常在争座次上发生争吵打斗。3.住房方面。房屋的建筑材料、规模、装饰的颜色、图案都有礼节规定，越礼了，房屋就遭到拆毁，甚至房主遭杀头。4.出行方面。走路的路径、见人让路要有礼节；出门坐轿，轿的大小、样式和抬轿的人数、拉车的马数都作礼节规定。5.男女礼节。对女人规定的礼节最为苛刻。小姐不能随便出闺房，媳妇不能随便到堂屋和出门到公共场合，见了男人不能抬头，不能交谈，妇女没有结婚和离婚的权利，丈夫单方面可以休妻，可以买卖。妻子要像奴仆一样服侍丈夫、公婆。6.男人占有女人的礼节。皇帝可以三宫六院，官员可以三房四妾，小人只能一夫一妻或单身。7.娱乐礼节。规定什么级别的人能听什么样的音乐，能跳什么样的舞蹈，场面和人数都有规定。戏子是优人，地位最下等。8.丧礼。儿女对父母的丧礼，穿衣、鞋、帽、手杖、腰带、端灵牌都作出规定，为父亲守孝三年，为母亲守孝一年。死者的丧礼规格、墓穴规模、 祭祀规模、主祭从祭，等等，都有规定。关于礼节，远不只这八项规定，还有许多规定内容。

所谓礼制，是礼仪的制度化，是指为实行、检察、维护礼仪和惩罚越礼行为所建设的民间社会制度和国家政权制度，有民间家长制、家族制，在中国制度有地方官僚制、国家政权。执行人、裁判人只有一个或几人，由强者担任，并制定乡规民俗和国家刑法，用暴力方式推行礼仪和严惩犯上作乱的越礼者，维护礼制秩序和社会稳定。

在礼仪和礼制的社会里，表面上看，要人彬彬有礼，是一个有道有德、秩序稳定的文明的礼仪之邦，而实质上是帝王一人独裁，恶官酷吏、贪官污吏横行霸道的社会。礼制社会，没有民意，是强人、恶徒用武力打下来的天下；没有民法，帝王的金口玉言和“最高指示”就是最高最大的宪法，“父母官”的“一言堂”就是刑法，是“劳心者治人，劳力者治于人”的“君子治小人”的人治社会。百姓（民）没有思想、言论、人身、行动的自由，只能接受“洗礼（洗脑）”和按礼制去执行繁文缛节的礼仪，稍有“犯忌”，就要受到酷刑惩罚。人人都被束缚在礼仪大网之中，把活生生的生命体变成了礼制这部大机器上的“螺丝钉”之类的零部件，由帝王和官吏组装和修理。人的生命权被剥夺了，人的天生——灵魂中的善心、自然智慧和自然平等自由的权利全被抛弃了，只有“礼”的社会性。人与人之间还有什么忠信可言呢？还有什么善性、善行可言呢？只能互相欺骗和争斗。这就是“夫礼者，忠信之泊，而愚之首也”。既然等级森严，权力地位至上，还有哪一个人不羡慕尊贵的地位和崇拜权力呢？于是在统治阶级中的争权夺利的斗争就盛行起来。韩非子的“性恶论”就由此而来，他所描述的君臣之间、皇族家里、官吏之间没有善性的协调关系，只有恶性的权术关系，也是由此而来。君子们就去读四书五经，学得智术、权术，去入仕，去向上爬，去斗垮对手，平步青云。武士就练武功，去厮杀，去立战功，博得战功显赫，成为元帅、将军。文的武的，都失去人性而残杀。一部礼制历史就是争权夺利的血腥史。被压在最下层的“民”，就为必需的生活资料而挣扎，在被逼到无法生存时，就暴动，就起义，就造反。正所谓“天下多忌讳，而民弥贫”，“民之轻死，以其求生大厚也”。对于民乱，统治者就进行暴力镇压。故曰：“夫礼者，忠信之泊，而乱之首也。”

所以，礼，是失道失德的反人性的恶行，礼制是失道失德的反人性的最凶恶的社会制度。

礼和礼制在中国盛行了五千余年，至今还盛行着。可悲的是，现今的中国人并没有觉悟到“礼者”是“愚之首”“乱之首”，还在向外人炫耀中华是礼仪之邦，还认为中国如果没有等级森严的独裁专制的礼制，人民就不能治理，天下就大乱，以此来拒绝老子的平等自由、民主法治的社会。这正是“人之迷也，其日固久矣”，“吾言甚易知也，甚易行也，而人莫之能知也，而莫之能行也”。

（三）追逐权力地位、功名利禄和财货是恶念、恶行

老子云：“名与身孰亲？身与货孰多？得与亡孰病？”“成功遂事而弗名有也；万物归焉而弗为主。则恒无欲也，可名于小。万物归焉而弗为也，可命于大。是以，圣人之能成大也，以其不为大，故能成大。”“名亦既有，夫亦将知止，知止所不殆。”“圣人自知而不自见，自爱而不自贵。”“圣人之欲民也，必以其言下之；其欲先民也，必以其身后之。故居前而民弗害也，居上而民弗重也。天下乐隼而弗厌也。非以其无静与，故天下莫能与静。”“罪莫大于可欲，祸大于不知足，咎莫憯于欲得。故知足之足，恒足矣。”“五色使人目明，驰骋田猎使人心发狂，难得之货使人行方，五味使人之口（口相），五音使人之耳聋。是以，圣人之治，为腹不为目，故去彼取此。”

庄子云：“德荡乎名，知出乎争。名也者，相轧者；知也者，相争之器也。二者，凶器，非所以尽行。”“名实者，圣人之所不能胜也。”“人不刻意而高，无仁义而修，无功名而治，无江海而闲，不道引而寿，无不忘也，无不有也。淡然无极而众美从之，此天地之道，圣人之德也。”“圣人并包天地，泽及天下，而不知其谁氏。故生无爵，死无谥，实不聚，名不立，此之谓大人。”“爱利出乎仁义，捐仁义者寡，利仁义者众。夫仁义之行，唯且无诚，且假乎禽贪者。是以，一人之断制利天下，譬之犹一瞥也。夫尧知贤人之利天下也，而不知其贼天下也。夫外乎贤者知之矣。”

从以上引文中，可以看到，老庄并不一概反对权力地位、功名利禄和财货，问题在于人生观中的动机（目的）、手段和处理方式。如果是不把权力地位、功名利禄和财货当作人生的奋斗目标（目的），而是在无意行善中由百姓（民）给予的——“不为大，故能其大”“天下乐隼”，是自然无为而得的，是合天道人性的。得了这些后，又“成功遂事而名弗有”“万物归焉而弗为主”“生而弗有，长而弗宰”“势为天子，而不以贵骄人；富有天下，而不以财戏人。计其患，虑其反，以为害于性，故辞而不受也，非以要名誉也”。（庄子语）那么，那种权力地位功名利禄和财货，对民来说是“弗害”“弗重”

的，对个人来说是“知止所不殆”的，“天地之道，圣人之德”“众美从之”而“天下莫能与静”。如果把权力地位、功名利禄和财货当作人生中的奋斗目标（目的），刻意追求，以仁义为修，以功名为治，以权力为贵，以地位为尊，以利禄和财货为富，于是，去读四书五经，去拜访有功名的高贵者为师，学得智谋、权术而有治人的满腹经纶，就去策对、科考入仕，搞舞弊，拉门第，入门派。入了仕，处在尔虞我诈的官场中，就拜师门，阿谀权贵，跪拜皇帝，结党营私，学习为官之道。凡是行为越卑鄙的，手段越恶劣的，就爬上高位，雄心勃勃，权力膨胀，垂涎皇位，不知满足。凡是迂腐想争得清官和忠臣贵名的，都纷纷落马，解甲归田。所谓清官与贪官、忠臣与奸臣之争，都是为了各自权力、地位、功名、利禄之争，毫无正义和非正义可言。再说那些被抛弃在儒林仕途之外的儒生，都被四书五经洗脑了，成为毫无生气的书呆子和社会的植物人。一部《官场现形记》和《儒林外史》对入仕儒生和落泊儒生刻画得淋漓尽致。入了仕的儒生对权力地位、功名利禄和财货不知足地追求，以权压人，以贵骄人，以名欺人，以禄害人，以财危人。那么，这种刻意的动机（目的）和卑鄙的手段，就是“假手禽贪者”，就是大罪、大祸、大咎，就是恶念、恶行。

四、惩恶：在惩恶中，反对酷刑和死刑

由上文所述的老子关于恶（“不善”）的观点可以概括为这样一条原理：人性本善而无恶，世无恶人；习性有善有恶，恶有恶制度、恶念、恶行、恶事、恶理、恶习。从这条原理演绎出老子惩恶的原理：人的生命是属于自然的，任何人为行为都不能去剥夺一个人的生命；惩恶不是惩罚人的天性和肉体生命，而是批判恶理，清除恶习，铲除恶制度，制止恶事件和恶行。在这类恶中，恶理、恶习、恶制度是最大的恶，最具有欺骗性，没有觉悟的一般人受蒙蔽而很难观察和寻找到施恶的主体，只有觉悟了的人——圣人才能不受其蒙蔽，看透了它们，实行惩恶。所以，老子惩恶的目的是以“恒善怵人”，使人觉悟，使社会从恶社会中早日返回到善道上来：“圣人恒善怵人，而无弃人，物无弃财，是谓愧明。”“不善人，何弃之有？”“善者善之，不善者亦善之，德善也。信者信之，不信者亦信之，德信也。”可见，老子的惩恶反对酷刑和死刑。

那么，怎样惩恶呢？或者说谁来惩恶和用什么方法来惩恶呢？

（一）天地用“天网”或“天条”来惩恶

老子云：“万物旁作，吾以观其复也……知常，明也；不知常，妄；妄作，凶。”（十六章）“勇于敢者则杀，勇于不敢者则栝。其两者，或利或害，天之所恶，孰知其故？天之道，不弹而善胜，不言而善应，不召而自来，弹而善谋。天网恢恢，疏而不失。”（七十五章）“万物将自忛，忛而欲作，将阗之以无名之朴。夫亦将智足，智以束，万物将自定。”（三十七章）“坚强者，死之徒也；柔弱微细，生之徒也。”（七十八章）

如前文“谷神论”已述，老子不是无神论者，而是有神论者。老子的神是大道“谷神”和灵魂。大道“谷神”的运行规则和灵魂造物的规则就是“天网（天条）”。这个“天网”就是“唯道是从”或“尊道而贵德”。如果万物和人敢破“天网”或“犯天条”——背离道德，就是作恶，就要受到天网或天条的惩罚。

“天网（天条）”惩恶的对象有二：人类共同作恶，个人作恶。

1. 惩罚人类共同作恶。

大道运行造物，创造了太阳系和地球，使地球的自然环境适宜于创造出人类，又使人类适宜生存下来。人类是地球自然环境之一，必须“尊道而贵德”，保持这个自然环境。但是，人类自恃善道多赋予了理性灵魂，比其他万物的“自忛”性强，“忛而欲作”的能力大，就置“尊道而贵德”的天条而不顾，要去“勘天”“胜天”，无休止地过度地向大自然索取物质，破坏人类依赖生存的天然环境，这就是背离道德，是犯天条，是共同作恶。“天网恢恢，疏而不失”，天灾就降给人类了。譬如，垦殖过度，就水土流失，甚至土地沙漠化；排除二氧化碳过多，就污染空气，破坏臭氧层，使气候变暖，冰山提前融化，海水上涨而淹没陆地；为了奢华生活而杀害生物过多，破坏生物链，破坏生态平衡，使人类患疾病过多……这就是“天网”在“将阗之以无名之朴”，抑制人类过度强大，控制人类“（忕）而欲作”的“不知常，妄”，使人类认识到“妄作，凶”，“坚强者，死之徒”，从而回到善道上来:“知常，明也。”“复归于朴。”今日的环境组织的出现，就是人类“智以束，万物将自定”的好兆头。人类必须明白：人不能胜天，想胜天，必自毙。

2. 惩罚个人作恶。

个人作恶，是指个人在后天受到恶制度的强迫和恶习熏染、恶理误导而产生的恶念和做的恶事。这恶念是超出了“必要的欲望”去侵犯他人正当所得和追求不正当权力的欲望；恶事是为恶制度服务，为虎作伥和做危害他人利益的事。譬如，为了猎取理论家和圣人的功名去继承和发展恶理，为了猎取功名利禄甘做独裁专制者的走狗奴才，为了个人猎取权力去阴谋和用武力杀人，为了个人聚敛财富去盘剥他人财产，为了自己过奢侈生活加入黑社会去谋财害命、偷盗打劫，为了满足自己的性欲去霸人妻女，为了复仇去杀人，为了达到自己的所谓“大谋”不惜把家人的生命作赌注和陷害他人……这些背离道德的念头、行为都是个人作恶。这些个人作恶都是会受到天惩的。

“天网（天条）”对个人作恶是怎样施行惩罚的呢？天惩不是天地运用自然现象来直接施行的，如雷电打人、神鬼害人之类，而是通过“营魄抱一”的人体自身遭到伤害来施行的，如心态失衡、身体遭凶等。老子云，“妄作，凶”，“坚强者，死之徒也，柔弱微细，生之徒”。用几句俗语来解说就是：“作恶多端必自毙。”“善有善报，恶有恶报，不是不报，时候未到。”“近报自身，远报子孙。”

天地造出“营魄抱一”的人的生命体是一个自然物体，自然是“万物尊道而贵德”地自然而生，自然而长，自然而死，自然是灵魂安宁，身后得到人民好评和悼念。“自然而生”发生在人后天行善或作恶之前，无所谓善与恶。“自然而长”和“灵魂安宁”发生在人后天行善或作恶之中，就有善有恶。身后评价和子孙祸福发生在行善或作恶之后，也有善有恶。一个人作恶，必然处在一种不自然的心理失衡状态之中，心身都会遭到伤害。首先心灵受到伤害，产生了恶念。（1）人一旦有了恶念，就心神不定，就要谋划去害人，去与人斗智斗勇，就处在精神紧张和心理恐惧之中，被弄得心力交瘁，坐立不安，就失眠，甚至歇斯底里，疯狂颠倒。（2）富了要守财，贵了要保位和还想升位。老子云："金玉盈室，莫之守也；贵富而骄，自遗咎也。"俗话说："富人不宁，贵人不安。"无道而富，自有恐惧；富而守财，日夜不宁。贵而骄，大祸至；贵还想贵，生命不保。（3）老年内疚、反悔，临死灵魂不安。或者老年痴呆体弱，遭到报复，不得好死。作恶者，心灵受到伤害还有许多种类。心灵受到伤害，就是心病，心病诱发各种生理器官的病发。这就是作恶者受到的天惩之一。其次，身体受到伤害。作恶者要实现恶念，就产生恶行，去做恶事，把自己的肉体生命置于危险之中。在与人恶斗之中，身体不受到伤害是困难的。或者受伤，或者致残，或者死亡。人们经常听到地痞流氓头目剥去衣服，露出身上伤疤向人炫耀："老子这些伤疤是功绩，老子这拐子大哥是真枪真刀杀来的。"作恶者，即使在赌狠斗恶中不死，胜利了，发财了，但是处在受到刑罚制裁和时刻会遭到仇家报复的恐惧之中。再次，恶有恶报，"近在自身，远在子孙"。作恶者，好胜斗狠，又得到恶习、恶理和恶制度的煽动和鼓舞，更是猖狂。或侵害他人而结仇，或横行乡里市井而激起公愤，或附炎恶势力而陷入权力斗争。害人者必被人害，有公愤者必是众矢之的，趋炎附势必遭灭族。即使作恶者胜利了，一生未遭到报应，死后也会身败名裂，子孙遭殃。哪怕恶理、恶制度疯狂几千年、几万年，大道循环运动规则会使人类运动返回到善道上来，恶理定会遭到批判，恶制度定会消亡，创造恶理和实行恶制度的人定会被钉在历史的耻辱柱上，正所谓："不是不报，时候未到。"

以上所述的对个人作恶的惩罚，表面看是人为的惩罚，实质上是一种天惩，是"道法自然"，是人的天性使然。

老子的"天网"论显然与儒家的"天命论""天人感应论"和巫术、方术、阴阳术、算命术、轮回论不同。儒家的"天命论""天人感应论"，是把个人、家庭、朝代的祸福依据天数来推算和预测，把一些奇异的自然现象作为预兆，这纯粹是一种迷信鬼神说的无稽之谈。巫术、方术、阴阳术、算命术、星术、风水术、轮回论把个人、家庭、朝代的祸福和兴衰，解说是鬼神、妖魔在起作用，也是一种鬼神说的迷信。这些无稽之谈的迷信，对一些作恶的唯物无神论者不起作用，却愚弄了善弱者。名为天惩，实是人为的造恶惩善。夏曾佑说："老子之书……大约以反复申明鬼神、术数之误为宗旨……一切祈祷之术破矣……一切占验之说废矣。"

老子的"天网论"，对人类共同作恶的天惩，现今人还能用科学知识来理解和接受，而对个人作恶的天惩，那就不能理解和接受了。因为生活在恶理、恶习和恶制度下的人们认为，只有作恶的坚强者、胜利者、成功者才生活得好，才有功名成就；而行善的人和善弱者才生活不好，不被人理解，是遭人欺负的傻子。人们不知道也不相信，恶习、恶理、恶制度是会被“道法自然”所消灭的，恶最终是会受到天惩的。人们的这种“不知道也不相信”是一种“无知病”：“不知不知，病也。”这是一种社会思想文化传统的“病”。这种“社会病”是能用善化和“天网”治好的。

（二）圣人用善道和行善来惩恶

圣人，是悟出了恒道、大道（善道）、道性（灵魂）而觉悟了的人。换一句话说，是保持了天性善心和自然智慧的人。圣人都独善其身了，有的还去兼济天下。独善其身，就是批判了恶理，清除了恶习。在兼济天下中，圣人分为两种，一种是对恶制度采取不合作主义，远离恶制度，如庄子、阮籍、嵇康等，世人称他们为“隐士”。其实他们也并非出世真隐，只是不愿意为恶制度服务，不愿意与恶习同流合污，避免遭凶。其实，他们还在说和写道，是一种消极入世，庄子、阮籍、嵇康都是如此。另一种是不仅独善其身，还要积极入世去兼济天下。他们不仅说和写，还要在人世间大行其道。他们不怕遭难遭凶，积极去与恶作斗争，去惩恶，去清除恶习，批判恶理，铲除恶制度，去救人救世。故曰：“圣人恒善怵人，而无无人，物无弃财。”在中国，如老子、刘遗民、鲍敬言、魏征、狄仁杰、李卓吾、孙中山。在西方，如苏格拉底、柏拉图、西塞罗、托马斯·阿奎那、洛克、卢梭、孟德斯鸠。“苏格拉底的一生承担着侦察伪智慧的使命。”（英人周厄提语）老子写《道德经》的目的之一，就是要“绝圣弃智”“绝仁弃义”“绝巧弃利”，批判恶理，消除恶习，推翻恶制度，即惩恶。世人把积极入世的圣人称为哲学家。

老子主张用善道和善行觉悟“不善人”，杜绝恶念，惩罚恶理、恶习和恶制度。

1. 自惩恶念

如上文“恶的产生原因”所述，恶念是“可欲”——“不必要的欲望”，是“不知常，妄”——“妄想”（释氏语），是“天生的善心和自然智慧”受到蒙垢，是背离道德的。一个人必须杜绝恶念。怎样杜绝恶念呢？老子的方法是“修身”。在“修身”中，清除恶念，节制“可欲”“复归于朴”，恢复“天生的善心和自然智慧”，使人“知常，明也”，保持在“有欲”——“必要的欲望”中。“修身论”见前文“贵为身论”。这是一种“自知，明也”的自我批判、战胜自我、“认识你自己”的方法，是自惩。如果一个人不能“修身”自惩，执着恶念不悔改，那自有善的道德力量和法律力量从外部进行惩罚。

2. 惩罚恶理

恶理，如前文“恶的产生原因”所述，是一种建造和维护恶念、恶行、恶事、恶制度、恶习的邪恶理论。恶理是万恶之首，“前识者，道之华也，而愚之首也”。它把“恶”理论化，把善的说成恶的，把恶的说成善的，把不善人说成是圣人，把阴谋说成是智慧，把“撄人心”的“仁义”说成是真理，把智巧说成是聪明，把“贵难得之货”说成是“利”，美化恶，歌颂恶。所以老子对恶理十分愤慨，毫不留情地予以揭露和批判，坚决地予以清除。老子云：“大道废，案有仁义；知快出，案有大伪；六亲不和，案有畜兹；邦家昏乱，案有贞臣。”（十八章）“绝智弃鞭，民利百倍；绝忧弃虑，民复季子；绝巧弃利，盗贼无有。此三者以为文未足，故令有所属：见素抱朴，少私寡欲。”（十九章）“前识者，道之华也，而愚之首也。”（三十八章）“是以，圣人欲不欲，而不贵难得之货；学不学，而复众人之所过，能辅万物之自然而弗敢为。”（六十四章）

（1）“绝圣弃智”——揭露制造和运用恶理的人是假圣人、伪智慧者、不善人、孤寡者——独裁者，人们应该识破他们，免受他们的愚弄。

创造恶理的人有两种：一种是心有“可欲”的强人——帝王，另一种是有了恶念的趋炎附势又心地阴暗的文人。如前文“恶的产生原因”所述。强人产生了恶念和“可欲”，要实现“可欲”，就需要愚弄人们的理论。天道和人的天性是善的，给予人的自然权利是平等自由的，不利于强人的“可欲”和“妄作”，强人就要编造一套违反天道和人性的歪理，把天道和人性说成是“恶”的，又不敢明言是“恶”的，就把“恶”的说成“善”的，把“善”的说成是“恶”的；把平等自由的自然权利和智慧说成是不平等的、不自由的。于是“仁义论”就出来了：亲疏、尊卑、上智、下愚被编造出来了。古代中国从黄帝开始到春秋时期，所行的就是那种“撄人心”的“仁义论”。到了孔子，集“仁义论”为大成，成了有体系的“仁义论”。孔子并未发明“仁义”，只是“仁义论”体系的完成者。在春秋时期，就有了公开申明“性恶论”的申商权术。到了荀子，“性恶论”有了体系。到韩非子，集“性恶论”之大成，有了“性恶论”的法家思想体系。后来的汉儒、宋儒又使孔子的“仁义论”进一步经典化，“三纲五常”得以确立。“仁义之道”和“性恶论”正是帝王所渴望的恶理论，就大力提倡和宣扬，把以前行“仁义论”和“性恶论”的帝王与创造者封为圣人、上智。如文圣周公、武圣姜太公。到了宋朝徽宗时，又改为文圣孔子、武圣关公。五百年前诸葛亮和五百年后刘伯温都是智慧的化身。汉武帝是雄才大略的一代英明天子，成吉思汗是一代天骄，朱洪武、康熙是千古一帝。所有的大儒都是圣贤。恶理论的目的是愚弄民众，从而维护强权政治。所以帝王和假圣贤们就用暴力——“文字狱”来推行，对民众进行“洗脑”。经过千年“洗脑”，民众对恶理论没有反感了，麻木不仁了，接受了，习惯了，使恶理论成为中国的思想主流和习惯风俗。

老子透彻地看到了恶理论的破坏性；严重地腐蚀和危害民众的天生善心和自然智慧的恢复，严重地阻碍人类历史的循环运动。老子透彻地看到那些假圣人和“上智”的人伪善和险恶的用心。所以，老子就愤怒发出“绝圣弃智”的理论革命口号。这个口号，要绝灭的不是得道的真圣人，而是假借善道来行恶的伪善圣人；要绝弃的不是人天生的自然智慧，而是伪圣人创造的伪智慧。“绝圣弃智”的目的是：“民利百倍。”“民利百倍”包括了人性的恢复、政治的民主自由、经济的“民自富”等等于民有利的善事。对老子的“绝圣弃智”，儒家大肆歪曲，说什么老子教人不尊重圣贤，不尊重知识。今人绝不可附和别有用心的儒生的解说，要知道“绝圣弃智”和“不上贤”对儒家的恶理论具有极大的杀伤力和彻底的批判力，所以儒家才恐惧、仇恨、诽谤老子。

（2）“绝仁弃义”——批判最大最凶的恶理论“仁义论”。

在所有恶理论中，“仁义论”是最大最凶的恶理论。其一，“仁义论”源远流长，从黄帝时代就开始有了，造成的恶习最顽固。其二，“仁义论”具有最大的隐蔽性和欺骗性。其三，“仁义论”在礼制——帝王独裁社会具有很强的实用性。其四，“仁义论”在理论上具有极大的破坏性，它从根本上违道背德，抛弃人的天生善心和自然智慧，污染灵魂，扭曲人性，创伤心灵，制造心理疾病。对“仁义论”的批判见前文“三”。所以老子提出了理论上的第二个革命口号：“绝仁弃义。”“绝仁弃义”的目的和结果是：“民复畜兹。”畜，畜力，指农耕生产。兹，《说文》：黑也。《正韵》：蓐也。草木茂盛。畜兹，指农耕生产荒芜。因为，仁者不农耕，只禄在其中。这是“仁义论”的最大的破坏性。绝弃仁义，国民就恢复了正常的农耕生产。

（3）“绝巧弃利”——批判用不正当的人为智巧去窃取不正当的利益。

这里的“巧”，是巧伪，是投机取巧，是巧计阴谋，是智巧；不是自然智慧，不是科学技术，不是技巧，不是巧匠能工的“巧”。这里的“利”，是运用智巧而取得的暴利，是帝王打下天下的“普天之下莫非王土，率土之滨莫非王臣”的大利，是“入仕得禄”的“利禄”，是争得功名而封妻荫子、光宗耀祖的“利”，是巧取豪夺的“贵难得之货”而“金玉盈室”的大利；不是“做适合自己的事，拿自己应得的东西”（苏氏语）的应得的“利”，不是搞科技发明获得的物质利益。一句话：不是正当谋生计的“利”。

这种巧计智慧，是从“仁义论”演绎出来的伪智慧，是帝王“打天下、坐天下”的实践经验的总结，是伪圣人创造出来的聪明，是历代帝王所提倡和渴望的，是伪圣人所歌颂（“美之”）的。譬如，汉武帝的雄才大略，诸葛亮的神机妙算。运用这种“巧”所获得的“利”的恶果是：天下贫富两极分化，“贵难得之货”，盗贼蜂起；帝王拥有全国江山和臣民为财产，贵富者分得封地和人口为私有财产，广大民众沦为奴隶而饿殍遍野”，是“学也，禄在其中；耕也，馁在其中”（孔子语）。用诗人的描述是：“朱门酒肉臭，路有冻死骨。”“遍身罗绮者，不是养蚕人。”

老子透视了这种“巧”和“利”，所以提出理论上的第三个革命口号：“绝巧弃利。”“绝巧弃利”的目的和结果是：“盗贼无有。”用现今人的话来说是消除贫困。俗话说：“家穷起盗心，富贵有仁义。”这句俗语所说的“盗贼”是迫于生计的贫穷人的盗贼，是小盗小贼。之所以有贫穷人的小盗小贼，是因为有富贵者的大盗大贼，“盗夺”是坐天下的帝王——窃国大盗、独夫民贼和没有坐天下的盗头匪首。所以庄子把假圣人和盗贼定格为一丘之貉。《庄子·盗跖第二十九》记叙孔子劝说盗跖，盗跖驳得孔子无言以对。盗跖把自黄帝以来的三皇五帝、王侯忠臣都斥为“盗夸”，说他们“皆以利惑其真而强反其情性”，“皆离名轻死，不念本善寿命也”。盗跖怒斥孔子：“今子修文、武之道，掌天下之辩，以教后世。缝衣浅带，矫言伪行，以迷惑天下之主，而欲求富贵焉，盗大莫于子。天下何故不谓子为盗丘（孔丘），而乃谓我为盗跖？”“此大鲁国之巧伪，孔丘非耶？”庄子的结论是：“圣人不死，大盗不止。”所以，只有绝弃了文武之道和孔子那样的巧伪智慧，才能使天下人“反其本”——恢复自然智慧，各人都去干适合于自己的事和拿自己应拿的东西，天下也就没有窃国大盗了；只有绝弃了“不耕而食，不织而衣”的独夫民贼所获得“难得之货”的富贵之利，民间的小盗小贼才随之“无有”了。

今人很难理解老子的这三个“绝弃”，下面再举例来论证。

例证一：孔子和墨子

儒、墨之争在春秋战国时期的诸子百家中最为突出、激烈。晚孔子半个世纪的墨子本是学儒的，成熟后，却反其道而行之，创造了与儒学针锋相对的墨学。在墨子之前，虽有批判孔子的，但没有像墨子那样对孔子的观点痛加贬斥和彻底否定的。所以引起儒生们的猛烈反击和诅咒，孟子谩骂墨子是无君无父的禽兽。

儒、墨之争的主要论题有：①儒家主张“天命”：“畏天命”。“生死有命，富贵在天。”墨子主张“非命”：“命者，暴王所作，穷人所述，非仁者言也。”“执命者不仁。”墨子主张“天志”和“天意”。“子墨子之有天意也……观其行，顺天之意，谓之善意行；反天之意，谓之不善意行。观言说，顺天之意，谓之善，善言谈；反天之意，谓之不善言谈。观其刑政，顺天之意，谓之善政；反天之意，谓之不善刑政。”“天意”即“民意”。②儒家主张亲疏尊卑的有等级的“仁爱”。墨子反“仁爱”，主张“兼爱”，“以兼相爱，交相利之法易之”，“为彼，犹为王也”，“先万民之身，后为其身”，“要退睹其万民，饥即食之，寒即衣之，疾病侍养之，死丧葬埋之（注：福利社会）”。③儒家主张“三纲”“五常”的伦理秩序。墨子“非儒”，主张平等自由权利：“官无常生，民无终贱。”“视人之室若其室，谁窃？视人身若其身，谁贼？”“……视人之家若其家，谁乱？视人之国若其国，谁攻？……故天下兼相爱则治，交相恶则乱。”④孔子主张忠心辅佐仁君发动义战，统一天下。墨子主张“小邦寡民”而“非攻”：“天子三公既已立，以天下为博大，远国异土之民，是非利害之身体，不可一一而明知，故划分万国之诸侯国君。”“杀一人，谓之不义，必有一死罪矣……今小为非知而非之，大为非攻国，则不知非，从而誉之，谓之义。此可谓知义与不义之辩乎？是以，知天下之君子辩义与不义之，乱也。”⑤孔子主张：“皇权神授”和忠君孝父。墨子反对，却主张“尚贤”、“尚同”的民选后的“圣人以治”、“贤人政治”。“选天下之贤可立者，立以为天子……又选天下之贤可立者，置立之以为之公……正长既以具，天子发政于天下之百姓。言曰：闻善而不善，皆以其上。上之所是，必皆为之；所非，必皆非之。上有过，则谏之；下有善，则荐之……”⑥孔子主张“贵贵”“亲亲”的家族和贵族世袭制的政治生活：“唯上智与下愚不移。”“民可使由之，不可使知之。”墨子反对之，主张庶民思想言论教育平等和政治权利平等的民权主义政治生活：“夫唯能使人之耳目，助己视听；使人之吻，助己言说；使人之心，助己思虑；使人之股肱，助己之动作。尊尚贤而任使能。不党父兄，不偏贵富，不嬖颜色。贤者举而止之，富而贵之，以为官长。不肖者，抑而废之，贫而贱之，以为徒役。”“强不执弱”，“诈不欺愚”，“故虽贱人也，上比之农，下比之药，曾不若一草之本乎。”⑦孔子“正乐”，墨子“非乐”。⑧孔子繁文缛节，墨子节用。⑨孔子反对鬼神却又主张祭祀天地和祖宗神，墨子“明鬼”，鬼神管人事善恶赏罚。⑩孔子主张“学而优”后入仕求功名利禄，做人上人；墨子反对上人欺压下人，主张“学而优”后“摩顶放踵，利天下而为之”。

对比以上所列举的十种观点，谁是伪圣人，谁是真圣人呢？后世的评价各异。

庄子的评价：孔子是巧伪人，“盗丘”。“墨子真天下之好也，将求之不得也，虽枯槁，不舍也，才士也夫！”

韩非子的评价把儒、墨两家都否定了，认为两家都破坏了法治，列入“五蠹”之中。他说：“孔子、墨子俱道尧、舜而取舍不同，皆自谓真尧、舜。尧、舜不复生，将谁使定儒、墨之诚乎……今乃欲审尧、舜之道于三千岁之前，意者其不可必乎！无参验而必之者，愚也；弗能必而据之者，诬也。故明据先王必定尧、舜者，非愚则诬也。愚诬之学，杂反之行，明主弗爱也。”“儒以文乱法，侠以武犯禁，而人主兼礼之，此所以乱也……故行仁义者非所誉，誉之则害功；工文学者非所用，用之则乱法。”

孟子和后儒以及帝王将相者的评价：誉孔子为文圣、至圣，斥墨子为禽兽。

嵇康、阮籍、李卓吾的评价：此三人皆斥孔子为伪圣人、假仁义，“裤裆中虱子”（阮氏语），“儒学不可用之治天下国家”（李贽语），对墨子无评价。

胡适的评价：孔子是救世教育家，墨子是救世实用家。

依据老子所定的标准来评价：孔子是巧伪者，盗丘，伪圣人，在“绝弃”之列；墨子观点虽有极端之处，毕竟是站在平民立场上，是救世的圣人。

例证二：汉文帝和汉武帝

汉文帝和皇后窦氏，用黄老之术的无为之治，废秦以及汉惠帝时的酷刑二十多种，承继萧何的休养生息的治国之策，出现了“文景之治”，人口从刘邦时的三千多万增至五千多万。汉武帝废黄老之术而改用儒术有为治国，起用酷吏，连年征战，耗空了“文景之治”的粮财，使人口从五千多万减至三千多万。汉儒和宋儒都歌颂汉武帝是有雄才大略的大有作为的英明君主，斥汉文帝是无所作为的平庸君主。今人也只歌颂汉武帝，不提汉文帝，并且贬斥窦太后。

用老子所定的标准来评价，汉文帝是“利民”的圣人，汉武帝是残民的暴君。

例证三：诸葛亮和张衡

诸葛亮和张衡在襄樊都有祠庙。诸葛亮的智慧是神机妙算，布阵杀人，六出祁山。他的道德品质表现在前后《出师表》中，报刘备的知遇之恩而忠于刘禅。张衡的智慧是制造地震仪等科技发明创造。今人到襄樊去，都要去诸葛亮的卧龙岗，礼拜诸葛亮祠庙，而不去张衡祠庙。

依据老子所定的标准来评价：诸葛亮的智慧是伪智慧，是“巧”，在“绝弃”之列；张衡的智慧是真智慧，是“朴”，不在“绝弃”之列。

例证四：刘伯温（刘基）和李卓吾（李贽）

俗话说：“五百年前诸葛亮，五百年后刘伯温”。刘伯温和诸葛亮都是中国人的智慧化身，具有同等的智慧。刘伯温辅佐朱洪武打下天下，又辅佐朱洪武坐天下，为朱洪武创造了“八股文”，是明清科考的文章固定格式，窒息了读书人的自然智慧。所以，刘伯温除了有诸葛亮的神机妙算、布阵杀人和忠君的智慧外，还多了一个“八股文”的智慧。李卓吾愤怒地批判“八股文”，批判明朝皇帝独尊了朱熹儒术和王阳明心学，说“儒学不可用之治天下国家”，主张老子的“童心”说。李卓吾遭到坐牢杀头之灾。依据老子所定的标准来评价：刘伯温的智慧是伪智慧，是“巧”；李卓吾的智慧是自然智慧，是“朴”。

从以上论述可知，近、现代儒生和辩证法论者对老子的三“绝弃”的注解是荒谬的，说什么老子不要圣人，不要知识，不要科技（技巧），不要利益。

3. 惩罚恶习。

如前文“三（六）”中所述，恶习是一种恶理被专制统治者强行“洗脑”和推广而形成的恶劣的社会习惯风俗。生活在恶习中的人，把恶理视为真理，把恶行、恶事视为正义，按着恶习不自觉地去作恶。恶习使人丧失了天生善心和自然智慧，很顽固地抵制善心和自然智慧的恢复。如果有个保持了天生善心和自然智慧的人去提醒生活在恶习中的人们，去批判恶理，就会立即遭到人们的反对、打击和残害。李卓吾、戊戌六君子的遭害和孙中山的被通缉就是例证。又例如，爱国就是忠君和爱执政政府，也是一种民族主义的恶习。要是有人提醒人们，爱国不等于忠君和爱执政者，民族感情不等于排外的民族主义，就会立即被人们唾骂为卖国贼、汉奸、民族败类。柏拉图《理想国》里的“地穴喻”生动描述了恶习的作用。恶习由专制政权所造成，反过来，恶习又制造和维护不善的专制政权。恶习不是天生的，是凶恶的强人制造的，因此是可以改变的。

惩罚恶习有三法：（1）教育。用教育来恢复人天生的善心和自然智慧。“圣人恒善怺人”“善人，善人之师；不善人，善人之资也。不贵其师，不爱其资，唯知乎大眯，是谓眇要”。一方面，启发人修身“自知”；另一方面教化人觉悟“知常”。（2）批判恶理。（3）推翻恶制度，建设善制度，制造出善良的社会环境。圣人和善人要坚信“恶习”是“物或恶之，故有欲者弗居”“古之所谓曲金者，几语才，成金归之”。

4. 惩罚恶制度。

恶制度的出现，是大道运行的一种“筮”而“远”的自然现象，也是人类运动发展的一种远离道德的历史阶段，随着运动的向前是必然会消亡的。但是，这种消亡不是消极等待的，而是积极可为的；是人的天生善心和自然智慧受到蒙垢后又要靠人的觉悟破谜去争取的。觉悟得早，恶制度的消亡就快；觉悟得迟，恶制度的消亡就慢。所以，恶制度又是人为的，可以用人为去惩罚它，消灭它。

恶制度是用漫长的时间确定下来的，也是付出了惨重代价建立起来的。惩罚和消亡恶制度也要有漫长的时间和付出惨痛的代价。从现有的历史资料来考察，惩罚和消灭恶制度有五个方法：（1）和平演变过度。圣人和善人对执政者进行劝谏，由执政者改恶从善。例如，古希腊雅典城邦民主文明的成功，中国戊戌变法的失败。（2）官吏政变。宫廷内的善人发动政变。如日本明治维新。（3）人民起义。如英国革命、法国革命。（4）自下而上的善人革命运动。如美国独立战争，中国的辛亥革命。（5）外来善良力量的介入。如伊拉克民主政权的建立。

总之，圣人和善人要抓住最适宜的时机，选择付出最小代价的方法和路子。

5. 惩罚个人和团伙的恶行恶事。

个人和团伙的犯罪主体和受害主体是很具体的，一般人能感觉到、认识到。个人作恶，是指单个人的具体行为。团伙作恶，是指两个人和两个人以上的一群人共同行为。例如，贪污受贿、设计害人、雇凶杀人、制造冤案、家庭暴力、偷盗、斗殴、劫财、谋财害命、诈骗、拐骗、滋衅闹事、横行霸道、强奸、奸杀、复仇、行侠仗义，等等。

但是，对个人和团伙的作恶，不同的习俗、制度的评判标准不同。例如，承认家奴制合法的社会，认为主人殴打、杀害家奴和强奸奴婢不是作恶，而家奴反抗主人是作恶。在家长制合法的社会，家长殴打、杀害儿女和家族处罚触犯族规的人不是作恶，而儿女反抗家长和族人反抗族长就是作恶。在男尊女卑合法的社会，丈夫殴打和杀害妻子不是作恶，妻子反抗丈夫是作恶，杀害奸夫不是作恶，杀害主夫是作恶。在专制社会，互相斗杀的政治集团，胜利者不是作恶，失败者是作恶。

对个人和团伙作恶的惩罚方法有二：（1）舆论的谴责，使其身败名裂，感到人言可畏。（2）国家法律的惩罚。惩罚应重在“恒善怵人”“不善人何弃之有”，而不应该“弃人”或伤害肉体和杀害生命。老子的观点是：“贵为身”“爱之身”，废除死刑的。惩罚不应该由个人或团伙去实行所谓的“行侠仗义”，行侠仗义或复仇本身也是作恶。

第七节

论情欲：人性“有欲”“不见可欲”

历来注老解老家们都说老子只主张“无欲”，反对“有欲”，批评老子是个禁欲主义者，不要人过上有情有欲的正常人的生活，从而达到贬老尊孔之目的。这种解老观点造成恶劣的后果，不仅毒害了中国文人，而且毒害全世界的哲学家。希尔贝克和伊耶著的《西方哲学史》在介绍道家哲学时以十分鄙夷的口吻说：“据说他（老子）还认为，与其让百姓多有知识，不如让百姓无知无欲，太多的教育只会迷乱人心。”这是极大的误解。为了纠正对老子的“无欲”的误解，为粉碎诽谤老子而尊孔的阴谋，所以另列一节来论述情欲。

关于情欲，老子的总观点是：人性“有欲”“不见可欲”。

为什么人性“有欲”呢？这是大道运行造物造人的结果。老子云：“孔德之容，唯道是从。道之物，唯望唯忽。望呵忽呵，中有象呵。望呵忽呵，中有物呵。呵鸣呵，中有请（情）也。其请（情）甚真，其中有信。”（二十一章）“不辱以情，天地将自正。”（三十七章）这里的“象”和“物”是指物质（质料）的、肉体的；

“情”和“信”是指灵魂的。人的生命体是“象”“物”的肉体和“情”“信”的灵魂组成的“营魄抱一”体。大道把恒道“无欲”“有欲”这些道性都德化给人了，所以“人性‘有欲’”。

“不见可欲”的意思是：不能光耀和追求未能满足的欲望。“见”，又作“日光”，本义是“日出”，名词动用为“光耀”，引申为“美化”。“可欲”，未能满足的欲望，是贪欲、嗜欲。老子云：“不见可欲，使民不乱。”（三章）“罪莫大于可欲。”（四十六章）

一、《道德经》里“欲”字和“欲”的分类

帛书甲本、乙本互补后有27个“欲”字，数量仅次于道、德、善、知等字。这27个“欲”字，都是实词类，作名词和名词动用，没有一个“欲”字作能愿动词“要”“将”用。“欲”是老子哲学中的一个基本概念。可见老子选词之慎重和用词之精确。注老解老对于基本概念的词必须十分慎重，求本义和实词义，不可随意用现代汉语的词义去望文生义。

《道德经》的“欲”字作名词用时，就是一个概念，并且前后文保持词义一致，是在一定的语言环境中说的。“欲”作为概念用时有四大类：无欲，有欲，寡欲，可欲。

二、“无欲”：“有欲”之始，最高境界的欲望，本体恒道的一个属性

“无欲”是一个基本概念，在《道德经》里共出现了三次：第一章“恒无欲也，以观其眇”，第三章“恒使民无知无欲也”，第三十四章“万物归焉与弗为之，则恒无欲也，可名于小”。“无欲”的出现总有“恒”字在前，表明是最高境界的欲望。“无欲”的出现是有一定语言环境的，要连贯前后文甚至全章的中心思想才能正确理解“无欲”的意义。

“无欲”：其一，与“不欲”不是一个意思，“不欲”是“不想”“不希望”“不欲望”或“不是贪欲”，“不是别的欲望”，如第六十四章“欲不欲”，其二，不是没有欲望，不能用现代汉语的“不”“没有”“空”去理解“无”。

“无欲”的“无”，是本体恒道的一个性质，是一切物象的起始。“无”本身是一个真实的存在，是人感觉不到的最高境界的存在。为了区别于人能感觉到的物象的存在，所以用“无”来加以区别。“欲”，不仅是人的有意识的欲望的意义，而且是比欲望更为深广的理念或灵魂或道性或德性或精神的意思。“无欲”是“有欲”的开始，是“有欲”的本体，是一种最高境界的欲望，是一切欲望的“玄牝之门”。

且看老子“无欲”使用时的语言环境。

第一章：“恒无欲也，以观其眇（妙）；恒有欲也，以观其所噭。”这一句的“观”是关键词，观，不是人或神在观察、观望，而是恒道以“无”和“有”两个属性在“明示”世界。观，《说文》：“观，谛视也。从见，观，故观从冏。”“冏，与明同。”古义：示，露。恒道以“无”的道性明示万物始于“无欲”的境界；又以“有欲”的道性明示万物生于“一母”的情状。所以，“无欲”是一种最高境界的欲望，是一切欲望的开始。

第三章：“不上贤，使民不争；不贵难得之货，使民不为盗；不见可欲，使民不乱。是以圣人之治也，虚其心，实其腹，弱其志，强其骨。恒使民无知无欲也，使夫知不敢弗为而已，则无不治矣。”这第三章的中心思想是论圣人之治。先列举三种良好的社会状态，再说要达到这三种良好的社会状态，执政圣人必须使民保持德善：“虚其心，实其腹，弱其志，强其骨”，才能使民心返归到恒道中“无”的始初自然智慧（“无知”）和“无”的始初“欲望”（“无欲”），“复归于婴儿”“复归于朴”。对“无知无欲”，王弼解得真切：“守其真也。”可见“无知无欲”不是没有智慧（知识）和没有欲望。如果把“无知无欲”解为“没有知识没有欲望”或“不要知识不要欲望”，那就与上下文不连贯了，与中心思想脱离了，把意思弄反了。

第三十四章："万物归焉而弗为主，则恒无欲也，可名于小；万物归焉而弗为主，可名于大。"这一章的中心思想是：大道运行是无穷无尽却善始善终的；圣人行事成功不为主和不为大，却能成其大；万物在其运行之中，成功了一个过程后，返回到不为主的状态，直到归回到恒道本体的"无欲"境界中。这个"无欲"可以叫作"小欲"，又可以叫作"大欲"，总之是"有欲"的始初的微妙状态。

总之，"无欲"的三次出现，前面都有一个"恒"字，以标明"无欲"是本体恒道的性质，是一切欲望的开始，又是一切欲望的归所，是最高境界的欲望。

三、"有欲"：第一个最单纯的最朴实的欲望，是一切欲望的母体"一"

"有欲"，也是老子哲学中的一个基本概念，是本体恒道的一个属性。"有欲"是"无欲"的连续关系，不是与"无欲"对立相反的关系。"无欲"是"零"，"有欲"是"一"；"无欲"是"始"，"有欲"是"母"。所以，"有欲"是一切欲望产生的"一"的母体。大道德化运动造物造人，"有欲"作为道性被德化给万物和人，使生物和人的灵魂具有最单纯最朴素的欲望：食欲，性欲。“有欲”在德化中化为“情”和“信”，使生物和人具有真情和德信：“其中有情，其情甚真，其中有信”，“不辱以情，天下将自正。”所以，生物界和人世间又叫有情世界。

“有欲”在《道德经》里共出现三次，且看“有欲”使用时的语言环境。

第一章：“恒无欲也，以观其眇；恒有欲也，以观其所噭。”这一句在上文有解说，“恒有欲也，以观其所噭”与上句“有名，万物之母也”相呼应。“噭”有声有色，描述“母”生婴儿的情态。“有欲”是恒道的一个性质，是生命欲望之母体。本体恒道里如果没有“有欲”，那么万物和人的欲望就无本无体，无根无源。

第二十二章：“炊者不立。自视者不章，自见者不明，自伐者无功，自矜者不长。其在道曰：馀食赘行。物或恶之，故有欲者弗居。”这一章的中心思想是：不“唯道是从”而自以为是的物或人的欲望和行为，是不能成立的，从道性上说是多余的食欲和累赘的行为。正常生长的生命物会厌弃这种欲望和行为，所以“有欲”的善人都不愿处在那种违道背德的状态中。因此，这里的“有欲”是相对不道德的欲望而言的，是指人天生而有的自然单纯朴素的欲望。

第三十一章：“夫兵者，不祥之器也，物或恶之，故有欲者弗居。”这一章的中心思想是：反对发动战争，主张为保命而进行的自卫战争，但战争本身是不善的，非正义的。所以说，兵器是不吉祥的凶器，生物都厌弃它，“有欲”的善人是不会拥有它的。这里的“有欲”是相对不道德的恶欲而言的，是指人天生而有的单纯朴素的欲望。

对于“有欲”，历来注老解老家们都误解了，甚至否定了，说什么老子只讲“无欲”，不讲“有欲”，睁着眼睛看着白纸黑字写的“有欲”却视而不见，加以曲解。将第一章“恒有欲也”断句为“故恒有，欲以观其噭”，或“故常有，欲以观其噭”，并且给以一通胡乱辩解：（一）严灵峰说：“且《老子》书中，‘欲’字连下文作助词之例甚伙……若以‘有欲’为读，则与上下文均不相附矣。”还说帛书甲本乙本的“也”是衍文。（二）徐绍桢说：“‘常无欲’固可言，‘常有欲’则决非《老子》之意矣。苏子由解云：‘常无’将以观其妙，‘常有’将以观其徼，亦不作‘无欲’‘有欲’解也。”林聿时说：“以‘常无欲’‘常有欲’为说，就把第一章零割碎历，弄得根本不通了。”这些大师们说话吓人，要是在“有欲”处断句，就是与“上下文不相附矣”，“决非《老子》之意矣”，“把第一章零割碎历，弄得根本不通了”。他们引经据典来证明老子主张“无欲”而反对“有欲”，然后得出老子是个禁欲主义者，或不通情欲情理的愚不可及的人。老子反对“有欲”，孔子主张“有欲”，当然中国人应该抛弃老子而尊敬孔子。既然老子连“有欲”也不要，不通情理，应该早就在历史中消失了名字和文章，还用得着那些聪明的儒生和辩证者大师们来多费口舌吗？是老子不要“有欲”，还是那些聪明的大师们根本不懂第一章的中心思想呢？第一章分明是本体论的总纲，也是全书大纲，大师们却把第一章解为人的认识论了，把“恒有欲”改为“常有欲”，当然会曲解原义，难以理解“无欲”和“有欲”了，把“欲”解作能愿动词“将”或“要”，丢弃了两个基本概念和恒道的两个基本属性。

四、“寡欲”：是“有欲”在人身上呈现时使用的名称，是人“必要的欲望”，是人生命活力的源泉

老子云：“绝圣弃智，民利百倍。绝仁弃义，民复畜兹。绝巧弃利，盗贼无有。此三言也，以为文未足，故令之有所属：见素抱朴，少私寡欲。”（十九章）

为什么在三个“绝弃”之后推理出一个结论：“见素抱朴，少私寡欲”？因为前三句所说的是惩罚恶理、恶现象和所产生的善果，还没有说到根源，还没有达到恢复人的本性。恶理恶现象的根源是违反人的素朴天性而多私多欲，惩罚了恶理恶事不仅只求社会善果，更重要的是恢复人的素朴本性和“少私寡欲”。“寡欲”就是人的素朴本

性，是人天生最单纯最朴素的欲望，是人的生命活力的源泉。“寡欲”具有两个基本欲望：食欲、性欲。食欲驱动人去为生命生存而活动；性欲驱动人去追求性交和繁殖后代而活动。所以老子反复说：“虚其心，实其腹。”“为腹不为目。”可以这样说：食欲和性欲是驱动人进行一切社会活动的源泉。反过来说，人的一切社会活动都是为了满足食欲和性欲。食欲和性欲是最基本的最单纯的欲望，这就是寡欲。

“寡欲”这个哲学概念具有三个理论意义。其一，人性有欲。人是大道所造，又是父母所生，是“营魄抱一”的肉体生命，也就天生具有生成、长大、死亡的肉体需求——渴望生存、延续生命的欲望。这个肉体需求的欲望很简单，只有基本的两项：食欲、性欲。满足食欲就是维护生命存在，满足性欲就是延续生命后代。为了满足食欲而生存，人们就进行一系列的向自然和社会索取的活动：制衣裳、建房屋、造车船，等等。为了满足性欲而繁衍后代，人们就进行一系列的向异性和后代表示相爱的行为：展示自己的健壮和美丽，打扮自身，恋爱、结婚、生子女、疼爱儿女、抚养儿女，儿女又反过来敬爱父母，等等。就“寡欲”而言，一个人满足食欲和性欲的基本需求就可以了，不需多藏财物和霸占三房四妾，这就是“见素抱朴，少私寡欲”。这是“寡欲”最基本的意义。其二，

“欲”是相对禁欲而言的。“寡欲”是天生的、天赋的、不是人为的，是人为无法禁止和铲除的。如果人为地去抑制“寡欲”，就会伤害人的肉体生命，就违反了“唯道是从”的天道，也违反了“贵为身”“爱以身”的人道。可是，有些人却主张禁欲。禁欲者所禁止的是食欲和性欲。减少进食，提倡“日中一餐，树下一宿”，搞苦行主义。禁止性欲，终身不性交，不结婚生子，说什么“饿死事小，失节事大”。禁欲主义者一方面摧残自己的肉体生命，另一方摧残信徒的肉体生命，是违反天道人性的。老子的“寡欲论”就与禁欲主义划清了界限。其三，“寡欲”是相对“可欲”而言的。“寡欲”主张不能禁止，又主张不能膨胀，是自然节制的“有欲”。可是，有人要膨胀欲望，不仅满足了自己的食物，还要侵占他人的食物作为财产贮藏起来；不仅满足了性欲，还要霸占许多妇女蓄养起来，于是就有了“金玉盈室”和“三宫六院”。老子把膨胀的寡欲称为“可欲”，也就是今人所说的大欲、壑欲、嗜欲、贪欲。这种“可欲”是违反天道人性的，是最大的犯罪：“罪莫大于可欲。”“可欲”必然受到“天网”的惩罚和善人的反抗。于是人心就复杂起来，人的社会活动就复杂起来，有了善与恶的争斗。所以老子主张三“绝弃”，人心回到“见素抱朴，少私寡欲”中去。

五、“可欲”：由“寡欲”膨胀起来的违反天道人性的人为欲望，是“不必要的欲望”，是罪恶之源

《道德经》里的“可欲”共出现两次。

第三章：“不上贤，使民不争。不贵难得之货，使民不为盗。不见可欲，使民不乱。是以，圣人之治也。虚其心，实其腹，弱其志，强其骨，恒使民无知无欲，使夫知不敢，弗为而已，则无不治矣。”

第四十六章：“天下有道，却走马以粪。天下无道，戎马生于郊。罪莫大于可欲，祸莫大于不知足，咎莫憯于欲得。故知足之足，恒足矣。”

从这两章所表达出的意思来看，“可欲”是一种膨胀起来的违反天道人性的人为欲望。“可欲”的特点是：一心“欲得”而“不知足”。其原因是没有“虚其心，实其腹，弱其志，强其骨”。其造成的恶果是“戎马生于郊”“民乱”。“可欲”比起“上贤”“贵难得之货”的罪恶大：“罪莫大于可欲”。“可欲”使“天下无道”，又是“天下无道”的人为表现。清除“可欲”的方式有二：一是修身，“虚其心，实其腹，弱其志，强其骨”；二是惩罚“可欲”，“使夫知不敢，弗为而已”，使之“不见可欲”。检验“可欲”清除的标准是：“知足之足，恒足矣”“使民不乱”“使民无知无欲”“走马以粪”。

“可欲”是老子哲学的一个重要概念。老子并非主张不要欲望，倒是主张不要“可欲”：“不见可欲。”韩非云：“祸难生于邪心，邪心诱于可欲。可欲之类，进则教民为奸，退则令善人有祸……然则可欲之类，上侵弱君，而下伤人民。夫上浸弱君而下伤人民者，大罪也。故曰‘罪莫大于可欲’。”韩非子把“可欲”当作了一个概念。

历来注老解老家们都对“可欲”视而不见，不当作一个概念，或不作注解，或把“可”解作“可以”，或把“罪莫大于可欲”一句从原文中删去。王弼解老水平算是高的，但第一个把第四十六章的“罪莫大于可欲”一句删去，在解“不见可欲”时说“故可欲不见，则心无所乱”，根本没作解说。林语堂算是近现代解老水平最高的，却采取王弼本，不要了“罪莫大于可欲”一句，在解“不见可欲”时说“不显现可贪的事物”，与“贵货”句相重复。在我所见到的注老解老书中，从韩非之后没有人正确地注解“可欲”，这里不再列举了。

六、关于“天道无亲”和亲情、爱情

如上所述，人天生“有欲”，“有欲”是最单纯的最朴素的“寡欲”，只具有两种生存本能的欲望：食欲和性欲。这食欲和性欲，是人的生命力的源泉，是人类活动的动力，也是产生亲情和爱情的源泉。父母天生具有生养、爱护儿女之情，儿女感到父母最亲近、最可靠，这就是亲情。男女天生具有求性爱而繁殖后代的情欲，这就是爱情，是恋爱和结婚之情。亲情和爱情是天生的，是天道人性的显现，不是人为的，是禁止不了的。亲情和爱情是由“有欲”产生的，具有“有欲”的性质，不是人为的性质，是膨胀不得的。禁止或膨胀亲情和爱情都是违反天道人性的。譬如，有人弃婴，这就断绝了亲情，或禁止了亲情，就是违反天道人性的。有人重男轻女，不好女色，说“男女授受不亲”，婚姻只能“媒妁之言，父母之命”，不准自由恋爱结婚，这就禁止了爱情，是违反天道人性的。有人过分溺爱自己的儿女，教自己的儿女去侵犯别人的儿女，为了让自己的儿女快乐去折磨别人的儿女，这就是亲情膨胀，是违反天道人性的。有人过分地孝顺自己父母，父母偷了别人的羊——侵犯了别人的利益，儿女要为父母“匿罪”，这就是亲情膨胀，是违反天道人性的。有人追求性爱，把爱情看得重于生命，“生命诚可贵，爱情价更高”，这就是爱情膨胀，违反了“贵为身”“爱以身”的天道人性。有人以强力霸占许多异性，使另一些人失去爱情，这就是爱情膨胀，不合天道人性。为此，老子提出了一个大原理：“天道无亲。”

“天道无亲”不是不要人讲天生的亲情和爱情，而是防止亲情和爱情的人为禁止和膨胀。就天道而言，人人的善心和自然智慧平等，人人的欲望平等，人人的亲情和爱情平等自由。所以，人人都应该为创造福利社会、公养儿女和老人做出贡献，不能只爱护自己的儿女和只孝敬自己的父母。因此，就这一点而言："天道无亲。""天地不仁。"

"天道无亲"是从整个自然人而讲的，亲情和爱情是从具体的自然人而讲的。"无亲"是"无欲"的显现，"有亲"是"有欲"的显现，"无欲"产生和节制"有欲"，"无亲"产生和节制"有亲"。两者是相生相承关系，不是相反对立关系。

七、关于"仁爱"和"兼爱"

"仁爱"是儒学观点，"兼爱"是墨家观点，两家各持一端，一直争论不休。

"仁爱"是讲有亲有疏的爱，有尊有卑的爱。先爱自己的亲人，再由亲及疏，由近及远地去爱，远不及了，就是恨。先爱最尊贵的君主，再由上而下去爱，下到卑贱了，就是"小人""女人"而无爱了，甚至是恨："唯女子与小人难养"，"唯上智与下愚不移"，"小人不仁"，"小人无信"。"仁爱"里没有男女爱情，禁止了人的天生性欲，妇女只是男人的生育儿女的工具。由此看来，仁爱是一种膨胀了的亲情之爱和一种禁止了的爱情之爱，丢弃了大原理“天道无亲”，就必然人为地制造出畸形爱——“馀食赘行”，只讲亲情，不讲道理和不讲法治，只准男人乱搞男女关系，不准女人有爱情，只准皇帝“三宫六院”，贵富者“三房四妾”，不准宫女、婢女有人身自由。所以，仁爱是违反天道人性的，应该受到“天网”和善人的惩罚。

“兼爱”是讲无亲无疏的爱，无尊无卑的爱。爱别人胜过爱自己，为了爱别人可以损自己，为了利天下可以牺牲自己的生命和家人的生命。兼爱讲平等自由，包括男女平等。兼爱抛弃了亲情，只强调“天道无亲”，走到了另一个极端。所以，兼爱合天道而反人性，应该纠正。但是，无等差的“兼爱”总比有等差的“仁爱”便于改正。

八、“血浓于水”是强调亲情，却不是原理

“血浓于水”，是中国人的古谚，也是俗语，在歌词和口语里经常出现，可见我们中国人是多么重视血缘关系啊！那种血缘关系的情感，是“仁义论”的思想基础，是家族、宗族、种族、民族主义的情感基础。

如上文所述，人天生具有血缘亲情，这是不可否认的。但是，把血缘亲情宣扬为天理，甚至强调到高于人与人天生的平等、自由、博爱的公理之上，使亲情大于原

理，那就荒谬了。其荒谬在于：其一，亲情高于真理，天下就没有公道公德了，法律也不公正了；其二，人与人的关系就不平等了，排斥异族，歧视异族；其三，家天下就合情合理合法了，种族灭绝和民族战争都合情合理合法了，等等。“血浓于水”，就自然现象而言，也是荒谬的，是偏见。血并不比所有的水都浓，死海的水就比血浓。所以，“血浓于水”不是原理，更不是真理，是谬论。

事情到了讲道理的份上，亲情就应该在其次了。所以，老子教导我们说：“天道无亲，恒与善人。”“天地不仁，以万物为刍狗，圣人不仁，以百姓为刍狗。”

第六章

老子体系中的政治学——圣人之治，无为之治

老子体系中的形而上学和伦理学的基本原理，都一一落实到了实用的政治学。《道德经》在每论述一个形而上学和伦理学的基本原理时，都要顺而推出一个政治学原理或原则。所以今人沈善增说：“首先，《老子》是一本政治哲学书；再则，《老子》是专门针对侯王说的政治哲学书；再则，《老子》是站在民本立场上的专门对侯王说的政治哲学书。”沈氏这个结论，只能说明老子的形而上学和伦理学的原理不是虚玄、空泛的，而是具有政治学的实用价值的；老子不是消极出世的隐君子，而是积极入世的哲学家。当然，沈氏的这个结论对老子体系来说是偏颇的，不正确的，抛弃了老子体系中的形而上学和伦理学，使老子体系不成为哲学体系，使老子不成为纯粹的哲学家。政治学虽然在老子体系中是实用哲学，却是老子体系中的形而上学和伦理学这个本体之末之用的理论。

老子体系中的政治学内容很完善，有关政治的基本问题都作了论述。老子体系的政治学基本观点与苏柏体系的政治学基本观点完全一致。正如严复所说：“夫黄老之道，民主之国之所用也。故能‘长而弗宰’‘无为而无不为’。君主之国未能用黄老者也。汉之黄老，貌袭而取之乎。君主之利器，其唯儒术乎，而申韩有救败之用。”（《老子〈道德经〉评点》）

第一节

关于出世和入世

历来的注老解老家们，一方面说《道德经》和《庄子》是玄学，没有实用价值，老子是出世（遁世）的隐君子，庄子是隐士；另一方面说《道德经》是政治学、阴谋学、兵书，老子是入世的政治家、阴谋家。这样，就把老子学说和老子本人说成是一个自身充满矛盾的对立统一体。这里就有必要对出世和入世作一个界定。

对于出世（遁世）、出家、入世，《现代汉语词典》是这样解释的："出世，超脱人世，摆脱世事的束缚。""出家，离开家庭到庙宇里去做僧尼或道士。""入世，投身到社会里。"按照这些解说："出世"与"出家"是有区别的，"出世"还要家庭生活，"出家"则不要家庭生活。"出世"和"入世"就没有划分清楚。"入世""世事"或"社会活动"应该包括家庭生活、社会生活、经济活动、教育和思想文化活动、政治活动，等等。如果按照"超脱人世，摆脱世事的束缚"这个"出世"定义来衡量，老子、庄子、东方朔、嵇康、阮籍、陶渊明和释迦牟尼、慧远、唐玄奘等人都不是出世者，更不是隐士。老子有家庭生活，做史官，写《道德经》，针砭时弊，以《道德经》来救世。庄子有家庭生活，做漆园吏，写了几十万言的《庄子》，与惠施等人辩论，以“道德”来救世。东方朔入朝做官，玩女人，受君赐。嵇康批判儒家《六经》，写《与山巨源绝交书》。阮籍有家庭生活，人朝为官，批儒家，说孔子和儒生是“裤裆中的虱子”。陶渊明罢官归田，有家庭生活，与友人论社会和政治，写理想国《桃花源记》，参与慧远的“莲社”活动。释迦牟尼讲佛法四十九年，会演三百余场，宣传救人救世学说，还说：“我不入地狱，谁入地狱。”慧远不仅写《沙门不敬王者论》，还结莲社。惠能创南禅宗，结禅社。唐玄奘去西天取经回国，受唐太宗御赐，创唯识论，既宣传佛学，又把老子的《道德经》译为梵文宣传到西方。这些人并没有遁世，而是积极参加思想文化和教育活动，他们是哲学家、宗教家、伦理学家、政治思想家、教育家。如果把他们称为隐士，那么现今的从事专业工作的教育家、科学家、哲学家、作家、思想理论家就都是出世的隐士了。

为什么有人要把上述那些哲学家、政治思想家、教育家称为遁世的隐士呢？那就只有一种解释：一方面，上述老子等人不与执政者合作或对执政者采取不合作主义，又不直接参与政治斗争——或政变，或暴力起义，或趋炎附势，阿谀权贵；另一方面，称老子等人为隐士的人是直接参与政治斗争的人，如儒生们。所以，儒生们和现今的官方历史学家、思想家就称老子等人是隐士，说什么“大隐隐于市，中隐隐于朝，小隐隐于野。”孔子就说：“天下有道则显，天下无道则隐。”这种“显”和“隐”是一种政治投机活动。儒生们就以孔子的这种“隐”来界定老子等人，真是“以小人之心度君子之腹”。

那么有没有真正的隐士呢？有的。那就是悟道后完全从人世间“蒸发”了。他们还活着，但从不问凡间人事，从不发表意见，也没有留下什么著作。当时的人不知道他们的去向，后来的人对他们的事迹也无从考证。他们才是真正的隐士。至于像老子这样留下了著作和事迹的人，都称不上隐士。司马迁用“隐君子”来形容老子，是荒谬的，于是谬种流传至今。

第二节

政治学在老子体系中的理论地位

在老子体系之中，政治学的理论地位在伦理学之下，是伦理学之用，是形而上学之末。

第三十八章是《德经》的开篇，也是《德经》的概论、纲领。本章所依据的理论前提是《道经》的基本原理。所以，本章思想内容深厚广泛，称得上博而精，涵盖了《道经》《德经》基本原理，把两经的基本原理贯穿和融合在一起，建立了“德论”的完整体系——伦理学和政治学体系，在内容和结构上又有承上启下的功能。

第三十八章对“德”的大命题、大范畴、大概念作了界定和论述，具体内容有五个方面。

一、论述了“德”的两个大原理：1.上德不德，是以有德。2.下德不失德，是以无德。

二、划分了“德”的大范畴和定义了大概念：上德，下德，上仁，上义，上礼，无为，无以为，有为，有以为。

三、重点论述了老子时代人们最为关注和困惑的两个重大的社会问题——“礼”和政治制度“礼制”。

四、对人类社会发展从思想文化深层次处探索出一个序列——历史观。

五、对老子以前的思想文化作了总评。

对老子的这种思想观点，庄子解说得很透彻、清晰：“道之真，以治身，其绪余以为国家，其土苴以治天下。由此观云，帝王之功，圣人之余事也，非所以完身养生也。今世俗之君子，多危身弃生而殉物，岂不悲哉！凡圣人之动作也，必察其所之与其所以为。”这意思是：政治学源于“道”，却是“道”之“绪余”，是“完身养生”的伦理学之下的“余事”。“道”→“治身”（“完身养生”）→“治天下”（“帝王之功”）。这是一个自然次序，不能人为地颠倒。如果人为地颠倒了这个自然次序，就是不懂政治学或不是真正的政治学，而是“危身弃生而殉物”。所以，要谈政治，必须摆正政治学的理论地位。

苏格拉底与老子有同样的观点。他把“习惯”（伦理学）看作是产生国家的原因，把执政者的个人品质看得高于国家的品质。

可是，许多政治学家把政治看得高于一切，强迫一切理论都为现存的政治制度服务。儒学就是持这种观点：“仁义”论为“礼制服务”。子曰：“克己复礼，天下归仁焉。”“非礼勿视，非礼勿听，非礼勿行。”按老子的政治学观点来衡量，儒家的政治观点没有形而上学的渊源和伦理学的本体，连真正意义上的政治学也称不上，是“危身弃生而殉物”的“视人”的“邦之利器”，是“为者败之，执者失之”的失道失德的“乱之首”的“道之华”，应该“绝弃”。“今世之君子，多危身弃生而殉物，岂不悲哉语。”（庄子语）

第三节

老子论人类社会的起源和国家产生的原因

一、人类社会起源于人的天生善心和“怮而为欲作，将阗之以无名之朴”的智慧

第二十五章云：“道大，天大，地大，王亦大。国中有四大，而王居一焉。人法地，地法天，天法道，道法自然。”第八十一章云：“天道无亲，恒与善人。”第三十七章云：“道恒无名，侯王若守之。万物将自怮，怮而欲作，将阗之以无名之朴，夫亦将智足。智以足，万物将自定。”第二十七章云：“圣人恒善悈人，而无弃人，物无弃物，是谓愧明。”

这几段文字具有如下思想观点。

一人的善性和自然智慧在万物中最大

这个观点在“灵魂论”中已有论述。人是大道德化出的万物中的一类，所得到的善性和自然智慧“自怮”比其他生物多而大：“王亦大。”人不仅具有生物求生和繁衍后代的本能，还具有“怮而欲作”和“阗之以无名之朴”的自主意识理性灵魂。

二人的“怮而欲作”和“阗之以无名之朴”的自主意识使人自愿群居和认识社会集体力量的巨大作用。

个体力量远远比不上集体力量那样获得充足的食物和保护生命安全。所以，人自愿地群居，自愿地组成“小邦寡民”的社会团体。

（三）人的善性使人自愿互爱互助、平等待人，自愿结成平等自由、友爱合作的社会团体

人凭着善心自愿地生活在社会团体中，一方面，使每个人的能力得以充分发挥；另一方面，在“利而不害”中，得到生存和繁衍后代的保障。在这种自然形成的人类社会中，体现着真正意义上的“天道无亲”，“天地不仁”，“不可得而亲，亦不可得而疏；不可得而利，亦不可得而害。”这是人人真正自然权利平等自由的社会——“太上”社会。每个人都不可能自愿地去接受被另一个人管制、压迫、剥削的事实，也不可能自愿地去加入被管制、压迫、剥削的社会团体。任何管制、压迫、剥削的现象都是自然社会以后的社会。

综上所述，人类社会起源于人的天生善心和自然智慧。老子的这个观点被后来的西方思想家洛克、卢梭发挥得淋漓尽致。老子的这个观点，被现今中国辩证法论者注老解老家严灵峰、任继愈、古棣、胡寄窗等辈批判为反动倒退的、没落的奴隶主阶级思想。

二、国家产生于民心向善和社会全体成员的

“同意”

人类自然社会的出现，每个成员的天资得到充分展现，全体成员互爱协作，各种先进工具出现了，有了科技；文字出现了，有了文明；社会发展到了文明阶段。在文明社会起始时，出现了发明工具和使用工具的技术人员，也出现了学习者，人的体力和智力的发展出现了差异，社会也就出现了简单分工。工具发明者、有文字表达能力者、体力强大的人，就成了众人所敬仰和拥护的带头人，社会出现了地位高低的差别：强者和弱者。一旦出现了强人，强人的“忕而欲作”的自主意识就膨胀起来，就难免不侵犯弱者。于是，“妄作”和“损不足以奉有余”的不善事出现了。这就破坏了“执大象，天下往；往而不害，安平泰；乐与饵，过格止”的自然社会，就必须“阗之以无名之朴”。“妄作”的强人毕竟是少数，强人是在与单个弱者相比较而强，但与多数弱者相比又是弱者。人心向善，都要对“妄作”的“不善”加以限制或惩罚，保护社会的善性平等的自然权利，于是众人就推选出既强又善的人出来当领导人。这种既强又善的人就是圣人：“人之不善也，何弃之有？故立天子，置三卿。”这里的“天子”是指执政的圣人，三卿是指辅助者，并不是后来儒家所说的“皇权神授”的“天之子”和辅佐皇帝的忠臣、爱卿。于是，国家就产生了，各种有地位等级的名称也出现了：王、侯王、圣人、善人、民、百姓、不善人，等等。

对于国家起源于“天下乐隼”的圣人来制止“人之不善”的观点，墨子作了正确的解说。墨子说：“夫明虖（乎的借字），天下之所以乱者，生于无政长，是故选天下之贤可者，立以为天子……又选择天下之贤可者，置立之以为三公。天子、三公既已立，以天下为博大，远国异土之民，是非利害之辨，不可一二而明知，故画分万国，立诸侯国君……又选择其国之贤可者，立以为正长。”

这种人类社会初期的国家具有如下的性质和功能。

（一）国家是民心向善和“同意”的产物，不是少数强人“不知常，妄作”的产物：“天下乐隼（推）而弗厌也。”（六十六章）“将欲取天下而为之，吾见其弗得已。”（二十九章）“圣人恒无心，以百姓之心为心。”（四十九章）。

（二）国家是一种民心向善的无为的自然现象，不是少数强人“妄作”的人为社会现象：“天下，神器也，非可为也。”

（三）建设国家的初衷和国家的功能。

1.为了维护自然社会的人人善性平等自由的自然权利：“天地相合，以俞甘洛，民莫之令而自均焉。”（三十二章）“天将建之，女以兹垣之。”（六十七章）2.节制少数强人的“可欲”和制造争斗出现的不平等的亲疏尊卑等级：“天之道，损有余而补不足；人之道则不然，损不足以奉有余。”（七十九章）“天之道，利而不害；人之道，为而弗争。”（六十八章）3.惩恶。详见前文“论恶”。4.调和大邦与小邦的关系：“夫皆得其欲，故大邦者宜为下。”（六十一章）

（四）国家的性质是善的，不是恶的。

1.以道和德治邦，不以智术治邦：“为道者，非以明民也，将以愚之也。民之难治也，以其知也。故，以知知邦，邦之贼也；以不知知邦，邦之德也。恒知此两者，亦稽式也；恒知稽式，此谓玄德。”（六十五章）2.不分亲疏、尊卑、善恶，以善平等待人：“天道无亲，恒与善人。”“天地不仁，以万物为刍狗；圣人不仁，以百姓为刍狗。”“圣人恒善怵人，而无无人，物无弃财”“善者善之，不善者亦善之，德善。信者信之，不信者亦信之，德信。”（四十九章）3.预防恶理、恶行、恶事发生，使人人保持或恢复天生善心和自然智慧：“忛而欲作，将阗之以无名之朴”“复归于婴儿”“复归于朴”“邦以利器，不可以视人”。

（五）“民”是国家主体，是“民”决定“王”，不是“王”要臣服“民”。

这在下文有论述。

（六）国家的执政者（王），必须是德才兼备的圣贤

人："受邦之訽垢，是谓社稷之主；受邦之不祥，是谓天下之王。"（八十章）。

这在后文有详述。

（七）国家的蜕变："仁政，义治，礼制。"

这在后文有详述。

综上所述，国家是在民心向善、要求节制不善现象和维护善性平等自由的自然权利，在社会全体成员"同意"下产生的。老子的这个观点，被西方洛克、卢梭、孟德斯鸠等人述说得很详尽。老子的这个观点与儒家的"仁义"论中产生的礼制和现今的国家产生于私有制和一个阶级镇压另一个阶级的暴力机构划清了界限。老子的这个观点一直遭到儒生的贬斥和现今注老解老家们所不理解和抛弃。

第四节

“民四自”观点是老子政治学的理论基石，是圣人之治的出发点和归宿处

如上节所述，国家是民心向善和一致“同意”的产物，“民”（百姓）就是国家的主体，掌握有国家的主权，“民”的利益就是国家的大事。“天下乐隼（推）”才有“天下之主”。王或圣人（天子、三卿）只是国民选举出来代民行事的。主体“民”是永恒的、不变的，“王”是临时的、可变的。“民”是本，是体，“王”是末，是用。“王”必须唯民心是从，唯民心是归；民之心就是“王”心，“王”不能有“自心”：“圣人恒无心，以百姓之心为心。”老子把这个观点表述为“民四自”。

第五十七章批判礼制社会的“四多”，主张“民四自”的政治制度

本章把道法自然、玄德、玄同等自然法和伦理学原理都落实到政治学上来。

第一句段就定下政治学的范畴，论述政治社会的三个方面：治国、军事、民意，从这三个方面就可以看出一个政治社会是什么样子。林语堂解说正确：“治国者以正不以奇，用兵者以奇不以正。然而以正治国，虽是合于道，

仍是有为而治；以奇用兵，仅止于暂应一时之变；若用正奇这两者来治天下就不合道了。”更重要的是合民意“以无事取天下”。

第二句段从反面论证礼制社会不合道的“四多”：多忌讳，多利器，多知，多法物。这“四多”是不合道的礼制社会的基本特征和现象。陈鼓应评述正确：“不仅可以看到老子对于一切刑政的非议，也可体会出老子所生存的时代，战乱及权力横暴的地步。”

第三句段正面论述理想的民主政治制度的“民四自”：民自富，民自化，民自正，民自朴。“民四自”是对着“四多”而来的：多忌讳——民自富，多利器——民自化，多知——民自正，多法物——民自朴。“民四自”是多数人的自发的自然所为；“四多”是少数强权的统治者所为。只有在执政者的“我”不行强权政治的情况下，人民才能有“四自”。“民自富”是指生存权、经济自由权等财富共享权，“民自化”是指人权、人身权等自然权利，“民自正”是指公民权——民权，“民自朴”是指形成民俗的思想言论自由权利。

王弼对“民四自”解释说：“此四者，崇本以息末也。”《吕氏春秋》解释说：“天下者，天下人之天下，非一人之天下也。”“民”就是天下，不是“朕即国家”。如果反过来说“朕即国家”，“率土之滨莫非王臣”，那就是崇末息本，“天下是一人之天下”。对于崇末息本的人，老子警告说：“将欲取天下而为之，吾见其弗得也。夫天下，神器也，非可为者也。为者败之，执者失之。”（二十九章）

老子“民四自”思想是老子政治学的理论基石，是圣人之治的根本出发点和归宿处，其内容和哲理比林肯的“三民”和孙中山的“三民主义”深刻而宽广，是孟子的民本主义所望尘莫及的。

中国历来的注老解老家们深受着儒家“三纲五常”“礼制”和辩证法的“斗争”“专制”等恶理论的熏陶、习染，都不可能理解和接受老子的“民四自”思想，顶多只能用孟子向君主乞讨的那点儿“民本思想”来津津乐道。我可以断定：至今无一家注解能切中老子的“民四自”思想的原意。

鉴于历来注老解老家对老子政治学基本理论的荒唐说教，所以本书把“民四自”单列出一节加以论述。

一、“民自化”——人权：生命权和人身权

“我无为而民自化”。“我”是相对“民”而言的，是最高执政者“王”或圣人，不是一般的行政司法人员和“民”。“无为”，不是无所作为，而是处在“无”的最高境界的作为；“无为而无不为”。“无为”是“道法自

然”，在形而上学中是大道的自然造化运动；在政治中是“圣人无恒心，以百姓之心为心”的作为，即不凭自己的主观意志去作为，顺着民意去作为，这就是最高执政者的最大作为。“民自化”，是国民自然而然地凭天生善心和自然智慧去自由地生长、死亡，在政治学上是生命权和人身权不受干扰和侵犯，任其自然自由。在伦理学上，“民自化”是“我无为”的原因；在政治学上，“民自化”是对“我无为”的要求和“我无为”的善果，而“我无为”又是“民自化”的条件。就人性而言，人天生具有善心和自然智慧，自会保命，使身体生长，不需要别人的干扰和管理，无所谓生命权和人身权，即“民自化”。就国家的出现而言，执政者的责任就是保障每个人不受他人的干扰和侵犯，使每个人有生命权和人身权，去自然地保命和成长、死亡，所以就有一个生命权和人身权。执政者要尽责尽职，就需要站在“无”的境界上，按“道法自然”来办事，按“百姓之心”来行使权力，不能凭自己的主观意志去作为，即“我无为”。所以，“民自化”是“民四自”中的第一“自”，是人最基本的自然权利——人权：生命权和人身权。老子的“民自化”观点是与“贵为身”“爱以身”一脉相承的，即“民自化”的政治学原理是从“贵为身”“爱以身”的伦理学原理演绎出来的：保命就是真理。

老子“民自化”的原理解答了政治学上的几个重大论题。其一，人权（生命权、人身权）高于国家主权，决定如何行使国家主权。绝不是相反，国家主权高于人权，执政者以主权剥夺国民的人权，迫使国民去维护现政权而致残身体或牺牲生命。其二，国民应该选择“贵为身”“爱以身”的圣贤来对国家实行“圣人之治”，而绝不选择“以身轻天下”的“万乘王”来对国家实行“礼制之治”。其三，个人生命权、人身权高于任何党、团组织和宗教团体的存在权，任何政党、社会团体都是为了成员的生命、人身的存在和安全而出现和存在的，而绝不是相反，政党、团体的存在和发展需要牺牲成员的生命和人身自由。需要成员牺牲生命和丧失人身自由的政党、社会团体绝不是善良和正义的，而是邪恶的。例如希特勒的纳粹党、萨达姆的复兴党。其四，每个国民在多数公民“同意”的法律条文中生活，如果为了保护多数人的生命而自愿牺牲个别的或少数人的生命，每个公民应该自愿作牺牲，这不违反人权和保命就是真理的原理，而绝不是相反，执政者为了保护自己和少数特权阶层的利益，去煽动和强制多数人牺牲生命。

二、"民自正"——民权：民主权、民自治权、民有为权

"我好静，而民自正。""好静"，爱好深藏着的生命种子，处在孕育生命的"无为"的境界中。"自正"，自然而正，从一而止为正。"民自正"，民性得大道"一"而善，自然从一而止于善，不用王者干扰和治理。可是，社会团体中出现了强人的干扰，民意要求产生国家，选择圣贤人为王，来制止强人干扰，保护"民自正"。

这一句就包含有三层意思。（一）对王者来说，是制止强人干扰"民自正"，自己就不能去做强人，而应该处下："受邦之訽，是谓社稷之主；受邦之不祥，是谓天下之王。"（八十章）首先，王者自己要"正"，处在保持无为的境界中，保持自身的善性和自然智慧："虚其心，实其腹，弱其志，强其骨"，"修其身"，"贵为身"，"贤贵生"。其次，王者有道有德了，就可以"以身观身"，"以乡观乡"，"以邦观邦"，"以天下观天下"，观民情，观民心，观民欲，观民行，就使自己处在与民同心同德之中了。再次，自己不仅与民同心同德了，"以百姓之心为心"了，而且成为天下之"稽式，恒知稽式，是谓玄德"，这就能做"上民""先民""圣人恒无心""圣人亦不伤人"。最后才能实行"圣人之治"，制止强人的"可欲"和"妄作"，保护"民自正"。如果王

者不处在保持“无为”的境界中，自以为是，王者就会去做强人，凭自己的所谓正直之心、中正之道去有为治国，施展雄才大略，就势必以己心代替“百姓之心”，当己心与“百姓之心”不同时，就要强迫百姓服从己心，役使百姓为自己的臣民，剥夺百姓的“自正”权利——民权，就“伤人”了。而“百姓之心”不服从，王者就使用自己在握的权力，“以畸用兵”，这就使天下出现第五十七章所说的“四多”的大乱局面。这就违背了“圣人恒无心”“圣人亦不伤人”的善道。（二）对“民”来说，“民”本是“自正”的，只因为有强人干扰了“民自正”，才选举出“王者”来治强人。“民”对国家就具有主权：选举权和罢免权、被选举权、国家大事决策权（公决权）、立法权、司法权、舆论权、教育权，等等。“民”要行使主权，就是有为。王者无为，而民有为。“民自正”就是民有为，凭着天生的善心和自然智慧而有为。“民”不能“无为”。（三）在“王”与“民”之间有官吏——政府、司法工作者。这些人员为民办公事和执法，他们是“有为”者，不是“无为”者。他们被夹在“王”和“民”之间，受着“王”和“民”的双重监督，监督他们不能成为强人，只能按“百姓之心”而形成的法律和法律所赋予他们的一定权力办事。

把上文所述的三层意思综合起来，王者、官吏、民三者以国家的形式都“玄同”或“尚同”（墨子语）在“民自正”或“百姓之心”上。民是本、是体；王者是末、是用，是“民”的象征或最高代表；官吏也是末、是用，是代“民”的具体显现或形象。王者自身“无心”“无为”，要说王者有心、有为，只能是顺着“百姓之心”和“民四自”去为，故曰“无为而无不为”。官吏则有心、有为，有心是有“百姓之心”，有为是依法有为，依民心和法律去为民办事情。民则有心有为，有心是天生的善心，是多数国民的一心；有为是自然智慧所为的“民自正”，是在多数国民“同意”的法律之下的主权行为。总统制国家出现的君主立宪制、内阁制、总统制的三权分立制度，已经接近老子的“民自正”制，但还有很大距离。老子的这种“民自正”制是从他的伦理学的“人人善性平等自由”的原理演绎出来的。

老子的“民自正”原理解答了政治学上的几个重大论题。其一，国家主权是属于“民”还是属于“君王”？答曰：国家主权属于国民。国家是在民的“同意”之下产生的，目的是制止强人扰民，保障“民自正”的权利。君王是由民选举出来代理“民”行使国家权力的。“民”可以选择某个人为君王，也可以罢免不合民心的君王。而绝不是相反，国家主权属于君王一人或一家或少数寡头所有。其二，国家的安全和社会的和谐是君主独裁或寡头专制能办到还是全体国民主权才能办到？答曰：国家的安全和社会的和谐只能是全体国民主权才能达到，君主独裁或寡头专制只能导致争权夺利的王朝循环的天下大乱。道理很简单，在某人或某几个人成为君王或政治寡头之前，他们也都是“民”，与其他的“民”一样。全体公民的天生善心和自然智慧合起来，一定善于和高于一个人或一个政治集团。“民”是永恒的不变的，君王或寡头是暂时的可变的，只有“民”才“万岁，万万岁”，任何君王或寡头不可能“万岁”。难道我们只相信一个君王或一个寡头集团能治理好国家吗？难道我们就不能相信全体国民自治、自正吗？如果只是这种相信，那正是“人之迷，其日固久矣”。

三、“民自富”——生存权：劳动自由权、居住自由权、贸易自由权、产品分配权

“我无事，而民自富”。“无事”，是指最高执政者的王或圣人，不能以自我意志滋生或干扰国民经济自由生活的事端，要“以无事取天下”。与“无事”相反的是“有事”：“及其有事，不足以取天下。”（四十八章）在经济生活上的“有事”，是指最高执政者凭自己主观臆断来制定经济政策，如计划经济，主张私有制或公有制，压抑商贾，重农抑商，制定分工分配政策和限制劳动居住自由的户籍制，等等。“民自富”，是国民凭着善心和自

然智慧，在自然经济运行中，为生存而自然地发明创造，发展经济，满足生活需求，选择职业和居所，自然地使物质生活富足起来，自然地懂得了产品分配原则："民莫之令而自均。"

"民自富"，指的是生存权，包括：抚养权、赡养权、生活保障权、受教育权、医疗权、劳动自由权、居住选择权、贸易自由权、产品分配权、生活方式选择权、发明创造专利权，以及与这些权利相适应的各种义务：纳税、捐献等。生存权与"民自化"中的生命权在内容上有交错重复方面，都有保命养生的内容。不过，生命权侧重于身体的生长和死亡不受人为侵害的自然权利，生存权侧重于为求生存而自由活动和应获得的必需生活用品不受人为的限制和侵占的自然权利。生存权具有双重性质，生存权利的求生存的自由活动不受限制和侵犯是一个政治问题，生存权中的应得的生活必需品和财富不受侵占又是一个经济问题——民生问题。

动物一生下来就具有生存的本能或本领，幼小动物由父母或群体维持生存。人一生下来同样具有生存本领，幼小时由父母或族群抚育，老年时由儿女或族群赡养。到了有国家的时期，人天生具有生存权利，幼小时和老年时应由社会和国家提供生存的必需品，所谓"幼有所育，老有所养"。成年人在国家社会中，有求生存发展而去发挥自己善心和自然智慧，创造经济财富，自由劳动，自由居住，自由选择生活方式，拥有私产的自由等权利；同时也有纳税、救灾、捐献等义务。

社会的物质财富和精神财富都是国民创造的。国民凭着善心和自然智慧，发明了火，发明了畜牧业，发明了农业，发明了工业，发明了电气业，发明了商业……国民凭着善心和自然智慧，懂得什么时候和在什么地方去选择什么样的经济方式、经济制度和怎样分配财富。全体国民的善心和自然智慧大于和高于个体的圣人（王）或几个寡头，用不着一个“王”或几个寡头凭自己的主观意志去干预或专制国民的经济生活。全体国民自然会恢复自然社会的“结绳而用之”的自由劳动状态，过上“甘其食，美其服，乐其俗，安其居”的健全的富足的福利社会生活，过着“鸡犬之声相闻，老死不相往来”的没有政治外交和发动战争的安宁生活。那么最高执政者的“王”在社会经济生活中应该做些什么事情呢？答曰：“无事。”他不应该凭自己的主观意志去直接干预经济生活的事，他只能“以道莅天下”，与民意保持一致，监察官吏，预防强人破坏自然经济秩序，保护自然经济在那只“看不见的手（大道）”的调节下有秩序地进行。

老子在论述“民自富”的思想时，猛烈地抨击了“王”或寡头专制经济的罪恶行为。他说：“天下多忌讳，而民弥贫。”“人之饥也，以其取食税之多也，是以饥。百姓之不治，以其上有为也。”“毋闸其所居，无厌其所生。”“王”或寡头们为追求和维护自己和家族、特权集团的利益，“闸”民“所居”，“厌”民“所生”，剥夺民的生存权和经济权，制造出许多“忌讳”，使国民不敢在经济生活中自由行动；特别是制造繁文缛节，处处阻碍和制止国民的自由经济生活；贪得无厌地向国民索取“食税”，使百姓处在饥寒交迫之中。老子尖锐地指出这种“王”或寡头专制社会经济的恶果是：“天下多忌讳，而民弥贫，民多利器，而邦家兹昏；人多知，而何（奇）物兹起；法物兹章，而盗贼多有”“民之轻死，以其求生厚也”，“若民恒且不畏死，奈何以杀愳之也”，“民之不畏畏，则大威将至矣”。剥夺国民的生存权和经济权，就会由经济问题引出政治问题，天下就大乱。

老子的“民自富”原理解答了政治经济学上的几个重大论题。

其一，谁应该和能够掌握国民生存权和经济权？答曰：全体国民自己。只有社会财富的创造者，才有理由掌握自己的生存权和经济权；只有全体国民的共同善心和共同自然智慧，才能够用好生存权和经济权，才能够选择适当的经济方式和经济制度。执政的“王”只能“无事”——不能凭主观意志直接干预国民经济，只能顺着民意用民法维护国民经济的自然运行秩序。而绝不是相反，由一个“王”或几个寡头以真命天子或经济救星的名义去掌握国民经济命脉，制定“多忌讳”的经济政策，剥夺国民经济生活的自由，谋取个人、家族、政治集团的经济利益。

其二，是“民”还是“王”掌握了国民生存权和经济权才有利于经济发展？答：“民。”掌握自己的生存权和经济权才有利于国民经济的发展。每个人为了生存，都会凭着智力、体力和技能去创造财富和管理财富；每个人都凭着自己的善心去与人贸易交往，去互相妥协订约，去争取双赢；每个人都凭着自己的善心和智慧去认识经济贸易规则，去自愿遵守自己“同意”的民法，认识到侵占或赚黑心钱是害人害己，认识到破坏环境会损害人类自身。在“民自富”的社会不劳而获、赚黑心钱、谋财害命、贪污受贿、破坏环境等失道失德的现象会日益受到扼制，贫富两极分化会受到制约，富者会有善心去缴较多的税、做慈善事业，贫者会得到社会福利的救助，鳏寡孤独、老弱病残会得到社会福利的救助。而绝不是相反，王者以最高权力去夺取天下财富为己有，官吏以权力去巧取豪夺和贪污受贿，富者囤积居奇、为富不仁，社会经济被有权者和富者垄断，“王”和官员凭主观意志制定有利于自己的经济政策，为了“钱”什么坏事都能做，贫富两极分化，鳏寡孤独、老弱病残都抛给家庭、亲友，而社会不予关心，在经济贸易中有千只万只看得见的手，而那只“看不见的手”发挥不了作用。

四、“民自朴”——结社集会和思想言论自由权

“我欲不欲，而民自朴。”“欲不欲”——即“欲而不欲”，欲望又不是欲望，欲望不是贪欲，欲望不是“不必要的欲望”。第六十四章云：“圣人欲不欲，不贵难得之货。”“我欲不欲”：我的欲望不是可欲（贪欲）。朴：纯朴，素朴（“见素抱朴”），善道的一个性质。“自朴”：自然纯朴。“我欲不欲，而民自朴”：执政的我“少私寡欲”而没有“可欲”，那么民心就不会受到干扰而保持自然纯朴。

“民自朴”，是从民心、民性、民意的深层次而说的，是从伦理学的“人性本善而无恶”的原理演绎出来的。作为一个人的天性是善的、纯朴的；同理，作为一个整体的国民天性也是善的、纯朴的。一个人的天性和一个整体国民的天性，即使受到干扰或污染，但天性的纯朴性仍然存在——良知难泯，一旦排除了干扰就会恢复纯朴性的作用。这样，“民自朴”就含有两方面的意义：其一，民性本是自然纯朴的；其二，民性受到干扰和污染后，一旦排除干扰，即可恢复自然纯朴。所以说：“我欲不欲，

而民自朴。”

从“民自朴”这个原理就可以演绎出政治学上的两种自然权利：思想言论自由权利和集会结社自由权利。“人心向善”和“公道自在人心”说的就是这个道理。国民的一致舆论就是心声、善言、信言，国民的一致行为就是善行、信行。任何“我（王）”对国民的声音和行为都没有审查权和裁判权。即使国民中有不同的意见和错误的言论，国民自会通过讨论而达到多数一致，自行评判。所以，作为执政者的“我（王）”，就应该“欲不欲”，要相信国民的言论和行为从整体上是善的、纯朴的，不要加以干扰。国民的所想所说是真理，国民具有思想言论自由和集会结社自由的自然权利。庄子云：“合喙鸣，喙鸣合，与天地为合，其合缗缗，若愚若昏，是谓玄德，同乎大顺。”这段话的译文是：“人民自由说话与无心的鸟鸣相同，无心的鸟鸣与人民自由说话相同，那种心声与天地自然朴素相合。那种相合声音在伪智慧者看来好像愚昧和漠然，却是玄德，同归于大道。”

可是，在礼制社会，执政的“我（王）”和假圣人却自以为是，把自己说成是“上智”“仁义君子”，把国民说成是“下愚”“不仁义的小人”，说什么“唯上智与下愚不移”。他们要以“己欲”为标准来衡量天下人，说什么“己所不欲，勿施于人”，“己欲立而立人”，好像他们真的是“生而知之”的神仙、圣人，是“当今之世舍我其谁”的天子、圣人。他们由此就剥夺了国民的思想言论自由和集会结社自由权利：“民可使由之，不可使知之”，“劳心者治人，劳力者治于人”。于是，皇帝就“金口玉言”，“圣旨不可违”，“执行最高指示不过夜”，“罢黜百家，独尊儒术”。帝王的开明充其量是纳谏，大臣的忠君充其量是直谏，而广大国民的言论自由被禁止了，集会结社被当作结党犯上、造反作乱而镇压，大兴文字狱、言论狱。针对礼制中帝王和假圣人这种蔑视和践踏国民的天性和自然智慧，老子发出了正面主张：“我欲不欲，而民自朴”，也进行了“绝圣弃智”的批判。

老子的“民自朴”思想解答了政治学上有关思想言论的几个重大论题。

其一，国民与执政者谁是上智、谁是下愚？答曰：全体国民是上智，执政者是下愚。本来这个问题的提出就是荒谬的，但是，既然孔子提出了，又成为中国政界几千年的名言，也就只能就其论题作比较回答。作为每个人来说，其天性是平等的，其天资是有差别的。天资的差别也只是指其天性的善心和自然智慧在后天学习和工作中所发挥的作用各有优劣。能被国民选上从事执政职业的人，是有政治方面管理的特长和技能的人。譬如舵手有辨别方向的技能，并不是说他在其他方面的智慧都高于别人。全体国民的天资的汇集，是总体智慧，是最大最高的智慧，是任何个体的“王”或圣人或寡头小团体的智慧所无法攀比的。每个人的天资的发挥，并不能完全找到适合的环境和条件，不一定能得到全面的发挥。有些人的天资找到了较为适宜的环境和条件，就是说有了机遇，就发挥得较好些；而有些人找不到太适宜的环境和条件，就是说机遇不好，也就发挥得较差些。发挥得较好的，就显得有智慧些；发挥得较差的，就显得愚蠢些。在一个人身上有智慧和愚蠢的不同现象出现，在两个人之间也同样如此。智慧和愚昧的差别是相对的，有环境和条件等原因。就整体国民而言，就把智慧和愚昧协和了，显示不出来差别。一个国家的整体国民如此，全世界的人民更是如此。所以，“上智与下愚不移”的观点是荒谬的，“我欲不欲，而民自朴”才是真理。

其二，谁应该拥有国家的话语权——思想言论自由权？答曰：全体国民。国民是国家的主体、主人；民意（“百姓之心”）就是天意（天道），就是真理；民声就是天籁之声，就是正确舆论，是真理之声；国家大事和最高决策，只能国民说话算数，说了就算。国民具有绝对的思想言论自由权利。被国民选举出的代行权人只能“恒无心”“行不言教”，不能具有代言权和教育权。而绝不是相反，一个执政的“王”或几个寡头独专话语权，代天言，代民言，布“圣旨”，发“最高指示”，垄断舆论工具；搞“文字狱”和“舆论导向”；紧抓教育权而对“民”洗脑，愚弄国民；以君心代民心，“民可使由之，不可使知之”。这是儒学的愚民观点。“圣人恒无心，以百姓之心为心”，“行不言之教”是老子、庄子的“民自朴”观点。

其三，是“独尊一家之言”还是思想言论自由使天下大乱呢？答曰：“独尊一家之言”而大兴文字狱，才使天下大乱；思想言论自由，才使民情畅通表达，而天下长治久安。

“独尊一家之言”，如独尊儒术、独尊黑格尔，就必然要“罢黜百家”，批判“封、资、修”思想言论，也就必然要用暴力大兴文字狱和言论狱，以言定罪，以“防民心”。那种用暴力以言定罪，使民敢怒而不敢言，造成的社会假象是：万马齐喑，无声无息，安安静静，平平稳稳，没有吵吵闹闹，好像天下大治了。实则是，国民因恐惧而民愤压于心中。但是，国民在背地里是要言要发泄的。一旦国民到了“民不畏死”的时候，则民愤鼎沸，民言沸沸，而大起义和宫廷政变就发生了，天下大乱了。这个乱是暴力流血的大乱。中国王朝恶性更迭循环就是铁证。在中国历史上，有个周厉王就是“防民之口”的典型例证，结果招来的是“甚于防川”的天下大乱。可见，

“独尊一家之言”，使民情无处达，民愤无处泄，必然积蓄出大愤怒来，带来天下大乱。同时，在实行“独尊一家之言”的全过程，都是用暴力酷刑杀人的过程，并非是治，而是乱。

思想言论自由，就必然百家争鸣，无须兴文字狱、言论狱，国民毫无畏惧地进行独立思考和发表言论，民情沸沸，民意畅通，民愤尽泄，不用背地里议论是非，是非都表面化了；乱也只乱在嘴巴上，君子动口不动手。这个思想言论自由的全过程，就是国民平和讨论的过程，化民怨于争论之中的过程，保民智于争论之中的过程，称不上天下大乱。民情畅通了，民怨化解了，一切透明化了，国民无须使用暴力去推翻一个政府，只凭讨论和选票就能使一个政府被替换，天下就长治久安了。在中国历史上有个唐太宗，还只对大臣们开放言论自由，开明纳谏，就造就了一个“贞观之治”。当然，唐太宗的言论开放还没开放到全体国民的思想言论自由的程度。如果全体国民都思想言论自由了，那天下岂不是“贞观之治”连续不断吗？中国人为什么认为言论自由的争论纷乱就是天下大乱，而只习惯于畏惧“圣旨”的万马齐喑就是治？这就是帝王和儒家愚民的恶果。我们应该认识到：乱在说上不是乱，乱在杀人上才是乱。

其四，谁需要说真话，谁需要谎言呢？答曰：国民需要说真话，独裁者需要谎言。国民是国家的主人，是天是地，生活在光天化日之下。国民的思想见得阳光空气，国民的言论经得住高山流水。国民不仅具有选择权、罢免权，还具有咨询权。在国民这边没有什么国家机密，无需什么“为组织保密”，更不需要什么“暗箱操作”。国民的舆论工具见到了什么秘密就把它曝光。国民只需要说真话，只需要真实地描述历史。当然，国民懂得在社会没有建立之前，有许多不同性质的国家存在，允许执政者保留适当的有限的军事、科技机密，允许个人有隐私权，等等，但绝不允许政治谎言和歪曲历史事实。即使国民咨询到了国家的军事、科技机密，进行曝光，也不是国民的过错，而是执政者犯了应保密的而没有保密的过错。所以国民只需要真话，只说真话，真话对国民有利，而不利于专制统治。专制统治者则与之相反，害怕真话，喜欢谎言，需要谎言来维持统治。独裁者是横霸天下之民为臣民，强占天下之土为王土，生活在阴暗之中。他们的思想是恶念，见不得阳光空气；他们的言论是恶理，经不住高山流水；他们每一个计划都是阴谋，他们每一个行动都是暗箱操作。他们害怕国民甚过害怕外敌，他们唯一需要的是欺骗国民，以便于关门压迫和剥削国民。他们为了争权夺利也相互秘密谋害。他们为了让其成员去卖命就说：“保持组织的秘密，为组织牺牲生命。”他们害怕真实的历史，就依据他们的政治需要而不断地肆意篡改和胡编历史教科书。他们很恐惧国民说真话去揭露他们的阴谋和戳破他们的谎言，就制定许多泄密罪的法律条文，剥夺国民的咨询权利，惩治说真话的记者、作家等。他们垄断媒体，恐惧舆论自由，不允许国民办报，惩治私办报刊者和在网络上说真话的人。在独裁者那里，所有舆论工具说的话都是不可信的，法律、政策文件和圣旨、领导讲话都是谎言。没有谎言，独裁者一天也活不下去，例如希特勒政权和萨达姆政权。

其五，独裁者能长期垄断话语权吗？国民能长期忍气吞声吗？答曰：不可能。古人云“防民之口，甚于防川”，“人言可畏”。独裁者垄断话语权，目的是为了用谎言维持统治，谎言终究是要破灭的。国民的心声就如大江大河的滔滔流水，拦河大坝终究是要被冲毁的。国民的嘴巴虽然一时被堵住，但不能长久地被堵住。在独裁制度下，小道消息四起，流言蜚语不断，小说寓言盛行，儿歌民谣传播，都是国民在以另几种方式说话，都是民怨的宣泄。到了“众怒难犯”之时，那民声就呼喊起来，浩浩荡荡，顺之者昌，逆之者亡，独裁者就被民声淹没了。

五、“民四自”与仁政、王道、民本思想的根本区别

老子的“民四自”思想与林肯的“民治、民有、民享”和孙中山的“民族、民权、民生”相比，大同小异，并且更加深刻广泛；而与儒家的仁政、王道、民本思想则根本不同，在实质上是相反的。

林肯的“三民主义”，是对美国民主的简明概括，也造就了美国式民主。美国人科恩的《论民主》，是对林肯“三民主义”的全面解说和发挥，但是偏重于实用主义，抛弃了民主的理论前提“自然法”，缺少了伦理学、形而上学的理论前提，在理论上是不完善的。

孙中山的“三民主义”，把“民族主义”列为一项，并且是首项。如果把“民族主义”作为号召汉人去推翻满族政权的清朝，还具有一定的号召力，顶多也是一个策略，称不上永久的主义。同时，民族主义是与民权、民生不相容的，与民主更是格格不入。

老子的“民四自”思想，是从他的伦理学演绎出来的，又具有他的形而上学的理论大前提，是老子哲学体系的一个组成部分，是一个完善的理论，具有深广的坚实的理论根基，是不可动摇的，实在值得美国民主主义者重新研究民主理论时借鉴。

至于说到至今被中国学界所复古和独尊的儒家所谓民

本思想，那是与民主思想相对立的仁政、王道思想。

在儒家中，孟子被中国现今学界捧为民权主义者，连孙中山也说自己的“三民主义”源于孟子，则实在是在认识上的一大误区。孟子确实说过“民为贵，社稷次之，君为轻”，“吾闻诛一匹夫也，未尝闻弑君”之类的话。但是，孟子的政治主张绝不是用民权取代君权，而是反霸道，立王道和仁政。首先，孟子主张的是孔子的“三纲五常”，肯定的是“皇权神授”的礼制——君主专制。只不过，孟子反对如纣王那样的暴君，即反对严刑酷律的霸道，欣赏像周武王那样的仁君。其次，孟子主张的是孔子把人分为亲疏、尊卑的等级：君子与小人，男人与女人，劳心者与劳力者（上智与下愚），亲人与疏人，等等。孟子的“民”就是孔子所说的“民”，这个“民”专指劳心的君子，小人、劳力者、庶人、女人被排斥在外。其三，孟子是儒家第一个独尊儒术而排斥百家的人。在这一点上比孔子倒退了。孟子善辩，批驳百家，甚至口出粗语，气急败坏。这样一分析，孟子“为民请命”的“浩然正气”的性质就显露出来了：孟子是为劳心君子请命，再进一层，就是为儒生君子请命。孟子狂妄地自吹是“天将降大任于斯人”的人，“当今之世，舍我其谁哉”。他是自以为掌握了绝对真理的人，就像今日的辩证者自以为掌握了“放之四海而皆准的真理”那样。孟子对自己所理解的仁义论绝对信仰，并且愿为张扬“仁义”而“富贵不能淫，贫贱不能移，威武不能屈”，甚至“舍生取义”。这就是孟子的实践精神。孟子把推行“仁义”寄托在仁君身上，到处游说去找仁君，表现出“文死谏”的精神，却又四处碰壁。孟子的这些精神被后来一些“文死谏”的“舍生取义”的忠君儒生所继承。孟子就是凭这些被后儒捧为亚圣的。

有一个近代史实证明了上述观点。戊戌变法“六君子”企图用孔孟之道与民主思想融为一体。康有为写了《孔子改制考》，谭嗣同写了《仁学》。结果，康、梁、谭这些新儒、假儒，被徐桐、刚毅那些旧儒、真儒打倒了。慈禧太后的“祖宗之法不能变”正是源于孔子的“克己复礼，天下归仁矣”。这真是惨痛的血的历史教训。

中国、韩国新儒者于2000年8月4日至7日在山东省青岛市召开“儒家传统与人权、民主思想国际学术讨论会”，把现代最时髦的“人权”“民主”桂冠戴到儒家特别是孟子的头上，还汇编了一本《儒家传统与人权、民主思想》，真是十分荒唐。因为：其一，孟子的“民本”与孔子一样，是以君子为本，不是以全体国民为本，“民为贵”是君子为贵，不是小人也为贵。如果尊儒者赞同“以君子为贵”，那就是赞同少数人压迫剥削多数人“劳心者治人，劳力者治于人”，就是赞同君主礼制，与民主无涉。如果尊儒者赞同“君子为贵，小人也为贵”，那就是全体国民在政治上具有平等权利，那就要改写《论语》和《孟子》，把“未有小人而仁矣”等句子改为“小人亦仁”等句子，这能做得到吗？其二，孔子、孟子都是赞同“皇权神授”，“普天之下，莫非王土，率土之滨，莫非王臣”的，主张“忠君”，“君要臣死，臣不得不死”的。即使是君子之民，也无权选举出君子之主——君主，而被排斥在外的“唯上智与下愚不移”的“下愚”就更没有选举权了。这难道是民权吗？这能演绎出民权主义吗？其三，孔子、孟子的为民请命而“杀身成仁”“舍生取义”精神，其意义只有三层：（一）儒生应该为自己入仕得禄而奋死斗争，要仁君重用自己，辅佐君主压迫剥削小人那类劳力者；（二）只能“文死谏”，不可犯上作乱，“天下有道则显，天下无道则隐”，以行王道；（三）凡不重用儒生君子的，就不是仁君，就是暴君，儒生视君主如仇寇，诛君主如一匹夫。这种“三不能”精神与国民的民主革命有何共同之处？

结论是：儒家的仁政、王道、民本思想与林肯的“三民主义”和孙中山的民权主义风马牛不相及，与老子的“民四自”思想更是水火不相容。

六、本节小结

老子的“民四自”理论，是专门破除剥夺人权、民权、生存权、思想言论自由权的维护王权的“仁义”理论的，是老子政治学的理论基石，也是中国人破除独裁礼制和建立民主政治的理论依据。为了便于理解，下面引用庄子的解说。

《庄子·天地第十二》云：“君原于德而成于天，故曰：玄古之君天下者，无为也，天德而已矣……故曰：古之畜天下者，无欲而天下足，无为而万物化，渊静而百姓定。《记》曰：‘通于一而万事毕，无心得而鬼神服’……‘大圣之治天下也，摇荡（自然波动）民心，使之成教易俗。举灭其贼心（恶念），而皆进其独志（达到得一的善道）。’若性之自为（凭天性自然而为），而民不知其所由然。若然者（凭自知去有为），岂兄尧舜之教民，溟涬然弟之哉（岂不是尊尧舜为长的教化而国民糊里糊涂地去做顺从的弟子吗）？欲同乎德而心居矣（欲望同于德而自在心中已定）。”《庄子·天道第十三》云：“上无为也，下亦无为也，是下与上同德。下与上同德则不臣。下有为也，上亦有为也，是上与下同道。上与下同道则不主。上必无为而用下，下必有为而为天下用。此不易之道也。”

第五节

老子论几种典型的政治制度

《道德经》第十七章云："太上，下知有之，其即，亲誉之；其即，畏之；其即，母之。信不足，案有不信。犹呵，其贵言。成事述功，而百省（姓）胃（谓）我自然也。"

这一章的主语是第一句的"下"或最后一句的"百姓"，是从下层民众（百姓）的立场和角度来审视和评判政治制度的，即依据"民四自"的原理为标准来衡量和区分政治制度的。这一章的"之"是指代统治者"王"或"圣人"的。全章译为白话文是：

最早的自然社会，下层民众只知道有个领导者（并不认为领导者有什么特权）。接下来的社会，下层民众亲近和赞誉领导者（认为领导者是自己的父母官）。再接下来的社会，下层民众害怕皇帝和官吏的权威（认为他们不是人，是掌握人的生杀大权的神鬼）。最后的社会，是回归大道这个母体的社会。如果领导者的信用不能下达到民众，那么民众对领导者也不会讲信用。谨慎呀，领导者对民众要贵重自己的诺言和行为。上下共同努力去实现这样的理想社会——成就了事业来评述功绩时，百姓都说：我们成就的事业本身就是自然而然成功的，没有什么功名要评述的（领导者没有什么特殊功劳）。

这一章，老子依据自己所论述的大道德化运动的圆周循环基本形式，来观察人类社会运动的基本形式，从政治制度的特征和对社会运动未来的预测，得出了人类社会发展运动也是一个圆周循环运动形式。图示如下：

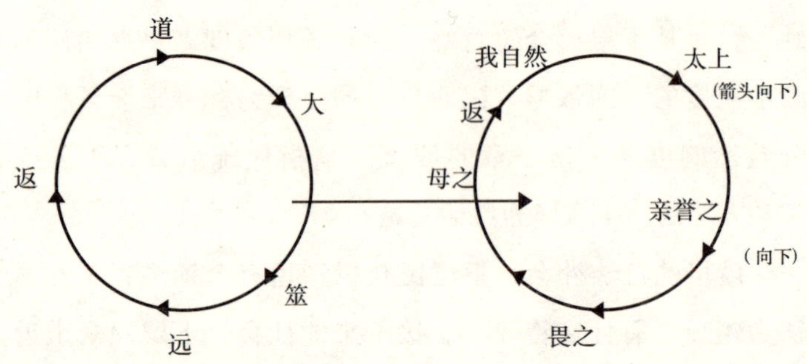

大道运行详见前文“大道论”，本节所论述的是社会运动和运动呈现出的制度特征的各种阶段。

老子所论述的人类社会运动的循环形式以政治制度为特征呈现出阶段性，共有五个阶段，即有五种政治制度：太上→亲誉之→畏之→母之（“圣人之治”）→我自然（理想国）。其中理想国与太上社会重合，是圆周运动的始点和终点的重合。始点是0，终点是360度。终点与始点同质而又不同量：位置和本质相同，数量不相同，即性质相同，而内容不相同，终点比始点的内容丰富而深广。从始点到终点，是360度的循环运动，不是倒退运动。说老子主张倒退的观点是十分荒谬和愚昧的。

无独有偶，苏柏体系关于人类社会政治制度的划分与老子大同小异。苏柏体系的政治制度划分是：健康城邦→荣誉政治（贵族政治）→寡头政治→初级民主政治→僭主政治→理想国（哲学家之治）。

两种分类比较："太上"与"健康城邦"同是人类社会起源的最初自然社会（原始社会）。"亲誉之"与荣誉政治同样是讲亲疏和英雄主义的国家。"畏之"与寡头政治具有极威严性质的国家。"侮之"与初级民主政治和"僭主政治"有反复曲折，达到"圣人之治"与"哲学应该为王"同是民主政治。"我自然"社会，苏柏体系没有，是老子的独特发明。

老子与苏柏体系的政治顺序却在民主政治的位置上发生了错位，这是因为，古希腊文明是以海洋工商业为主，初级民主政治在寡头政治后就出现了，却是一种初期的极端民主政治，所以很有可能被僭主政治取替，出现一个反复。西方社会历史证明了这一观点，雅典民主文明后来被摧毁了，直到文艺复兴运动时较为成熟的民主政治才取代了僭主政治。而中国是内陆农耕文明，一直是寡头政治与僭主政治互相轮回，民主政治成了老子和老子之后的道家的一个理想。后来在辛亥革命时实现了，却是一个保留有寡头政治很大成分的不成熟的民主政治，很快又被僭主政治复辟了。

以上所述，说明政治的变更既具有必然性，又具有偶然性。其必然性是：人类社会运动的全过程必然“尊道而贵德”，按大道运行的趋势和基本形式进行。其偶然性是：人类社会运动过程中各种政治的出现，会受到地缘和习惯不同的影响，政治的出现顺序就有大同小异。这种必然性和偶然性还表现在政治变更和王朝更迭中所出现的历史人物上。政治是必然要变更的，在这变更中也必然会出现变更的领导人物。至于那些人物能成就变更的功绩和事业这就是偶然的，就要受人物所得到的政治机遇和条件的左右。必然性表现出“时势造英雄”，偶然性表现出“英雄造时势”。

下面就按老子所列的政治顺序来论述各种政治的性质和特征。

一、“太上”社会（健康城邦）：最早的人类社会

“太上”社会处在人类社会的源头，有人称为最初的

自然社会，也有人称为原始社会，苏格拉底称之为“健康的城邦”。

如前文“人类社会的起源”所述，人一出现，就具有理性灵魂——天生的善心和自然智慧，为了生存，感到群体力量的作用，就自然而然聚居在一起，建造集体住房——城邦，进行分工劳作。在“太上”社会里，人们过群婚生活，只知其母，不知其父，母亲受到极大尊重，也就自然成为社会的领导人，领导人是由众人推举的，所以有人把这种社会又称之为母系社会。在“太上”社会里，全社会成员只知道有一个或几个母亲带领着，并不知道带领人有什么特别的地位和权利。所有成员的权利自然平等，不知道有亲疏尊卑、善恶美丑、荣誉功名，更不知道什么仁义道德，“三纲五常”。大家都尽其所能去劳作，也会拿到自己应得的生活品，鳏寡孤独、老弱病残都在社会上有所养。在一个城邦之内，成员都互助互爱，和睦共处。故曰：“太上，下知有之。”

老子的“太上”社会的观点具有重大的政治理论和实用价值：其一，人类社会原本是国民天生善心和自然智慧的产物，是善的，是平等自由的，是“尊道而贵德”的自然现象，是以后社会的起点；其二，后来的“亲誉之”社会是“太上”社会基础上离道而“大”的结果；其三，“畏之”社会是离道最远的社会，预示着人类社会要返回善道，去与“太上”社会接头。

《国家篇》中，苏格拉底关于“健康的城邦”的论述与老子观点一致。洛克也与老子观点一致。对“太上”社会论述得最为详尽精彩的要算卢梭。卢梭的论述招来了伏尔泰的讽刺，说明伏尔泰在文学上有成就，而在哲学、社会政治学上是浅薄的。现今中国攻击老子主张反动倒退到奴隶社会或动物社会去的所谓思想家，比伏尔泰更是无知、愚昧。

二、“亲誉之”社会：荣誉政治

“太上”社会是氏族群居社会，是城邦社会，与别的城邦很少来往，即使有来往，也只是相互理解，并不发生冲突。但是，当两个城邦发生冲突时，就是为争夺生活资料的残酷的斗杀——战争，甚至把对方的战俘也当作食物或奴隶。原始战争是靠力气的，很自然，在战争中男性处于优势，自然也就取代了女性成为首领。有人把男性为首领的社会称为父系社会。父系社会是个力气为强的社会，社会结构发生了变化，儿女们知其父了，家庭出现了。同时，以父亲血缘为关系的家族也出现了。在城邦权力上，在战争中立功最大的人被推举为首领，男性权力出现了。在伦理观念上，出现了亲疏尊卑、善恶美丑、荣誉功名、仁义道德等。政权的交接，渐渐由众人推举变为首领提拔和禅让遗交。父系社会的首领仍然是为全社会成员谋利益的，受到全社会成员的称颂，是个英雄主义社会。中国的三皇五帝社会就是“亲誉之”社会。故曰：“其即，亲誉之。”

三、“畏之”社会——君王政治和帝王政治、寡头政治

在“亲誉之”社会里，家庭出现了，以父系血统为纽带的家族、宗族、民族也出现了。随着家族势力的不断扩张，一个或几个家族势力扩张到足以掌握国家政权时，就用武力取代了“亲誉之”社会。国家政权落到了一个或几个家族联盟的手里。其他弱小家族就成了“百姓”——平民，还有大批奴隶。家族政权是以武力相威胁来统一和治理天下的，是只为执政者家族利益服务的。凡是同一家族或联盟家族的子弟都得到封地，叫分封制。政权交接只采用世袭制了。执政者的武力威胁使百姓害怕，故曰：“其即，畏之。”中国从夏启到战国末期都属于“畏之”社会的第一阶段，又称为礼制社会。“畏之”社会再发展，就是集权政治，即帝王政治或僭主政治。僭主政治的性质是皇帝一人至尊而独揽朝政大权，亲属和臣民绝对忠于君主。皇帝以下的王公大臣有经济特权，却没有军队和立法权，只能按“圣旨”行事。帝位直到皇帝死时才由皇帝一

人下诏传人。为争夺和维护帝位，皇族子弟互相残杀，没有亲情了。在官吏制度上，改世袭制为人才荐举或科举制，官位世袭制被废除了，“亲”情也就淡薄了。以皇帝一人的主观意志来治天下，必然与人性、天道不合，遭到天下人的反对。皇帝就要使用“宽猛相济”（孔子语）的统治手段。“宽”就是用“仁义论”来欺骗和愚弄天下人，实行所谓仁政或王道，儒学由此兴盛。“猛”就是用法术来镇压和威慑天下人，实行所谓暴政或霸道，法家由此兴盛。尽管“宽”麻醉了民众，“猛”恐吓了民众，但是人的善心和自然智慧是天生的、自然的，自然的东西是任何强人也无法消除的。

“畏之”社会是人类社会发展到背离道德极远处的社会，“物极必反（返）”，必然要沿弧线回归。苏格拉底对僭主政治说了几句精辟的话：“（僭主是）神经错乱的疯子，不仅统治人而且企图统治神。”“如果说还有什么意见和欲望说得上是正派和羞耻的，它就会消灭它们，或把它们驱逐出去，直到把这人（僭主）身上的节制美德扫除清净，让疯狂取而代之。”“僭主政治是国家的最后祸害。”

以上所述的四种政治，标明人类社会由始点沿着背离道德的方向发展运动，运行了一个圆周的180度的弧线（半圆），运行到了极限的顶点再不能“下”了，必然要返回运行。下一节论述的是人类社会从“其下”的极限返回运行的另一个180度弧线（半圆）：从“其下”顶点回到始点——终点。为什么要另起一节呢？因为人类社会运行的方向发生了改变，不再是向背离道德的方向，而是返回向近道近德的方向。社会性质也发生了改变，不再是人为的恶性而是自然无为的善性。老子的这个观点是从天道人性方面而言的，不是从人类生活的物质方面而言的。就人的生活物质而言，人为的物质是越来越丰富和奢侈了，同时也在破坏人类赖以生存的自然环境。关于这一点，老子另有论述。中国的儒生和辩证论者对老子的这个观点是无法理解和接受的，只好诽谤和攻击它。

第六节

老子论"圣人之治"的理想国家和"小邦寡民"的理想社会

"圣人之治"和"小邦寡民"的理想社会，本来也属于第五节的内容，另起一节，是为了表明社会运行改变了方向和社会性质发生了变化，也是为了突出老子的政治学的正面观点。

在第五节中已论述老子对"太上"社会的性质是肯定的，认为是自然无为社会，是合天道人性的社会。对"亲誉之""畏之"的社会是否定的，认为是人为社会，是背离道德的社会，但又是人类社会发展运动必然出现的两个社会阶段。

那么人类社会是不是沿背离道德的方向直线发展不可逆转而进化呢？或者如黑格尔所说的从始点起是螺旋式上升发展呢？老子的回答是"不"。老子认为，直线进化发展就没有终点，是不合大道运行规则的，是无知愚昧的认识论。螺旋上升也是没有终点的，不符合大道运行规则，也是无知愚昧的认识论。人类社会运动发展由大道运行规则所制约，是圆周循环运动，从始点到终点是一个圆周形。所以，人类社会运动发展到"其下"极限顶点后，就要沿着另一个半圆返回运动。这返回运行是“善回向”（释迦牟尼语），社会的性质返回到了善道。对于老子的人类社会运行的圆周形式，庄子从“民心”变化的轨迹角度作了一个描述：“民心一”→“民心亲”→“民心竞”→“民心变”→“民心反（返）”→“民心一”。

在这返回运动中，要出现两个理想政治：“母之”政治（圣人之治、民主政治）和“我自然”（“小邦寡民”）的“无为而治”的理想国。“圣人之治”与“无为而治”是两种制度：“圣人之治”仍然是有为政治制度；“无为而治”走出了政治社会，是自然无为社会。不可混为一谈。在古中国，民主政治（圣人之治）没有史实依据，还是一种理想的政治制度，这正表明老子自然智慧之光。在古希腊，民主政治虽然不成熟，却是史实，使后来的文艺复兴运动有史可鉴，造就了成熟的民主政治。所以，民主政治——圣人之治在老子政治学中也是一种理想，但不是完善的理想社会。完善的理想社会，是“无为而治”的“小邦寡民”社会，又是世界社会。“小邦寡民”社会在性质上与“太上”社会一致，但在内容上丰富得多，再不是生活物质匮乏的社会，而是富有的善道社会。

下面就来论述“圣人之治（民主政治）”和“无为而治（理想国）”。

一、“母之”社会——圣人之治（民主政治）

“圣人之治”社会，在苏格拉底那里被称为“哲学家为王”的理想国，在西方文艺复兴运动后被称为民主政治社会，是公民选举出的政治圣贤执政社会。苏格拉底认为雅典城邦民主是初级民主制，凭抽签的运气执政，不尊重知识，是极端自由的不完善的民主政治，极有可能被僭主政治取代。苏氏就设想出哲学家应该为王的理想国。苏氏并非否定民主政治，而是为了完善民主政治。苏氏的理想国在西方文艺复兴运动后实现了，那就是成熟的民主法治政治。现在西方的民主政治仍存在许多有待解决的问题，在逐步完善之中。对民主政治的论述，西方思想家有许多著述，以洛克的《政府论》两篇、卢梭的《社会契约论》、孟德斯鸠的《法学精神》和现代美国人科恩的《论民主》最为经典。在中国，自清末戊戌维新后，学界对民主政治稍有认识，但不透彻，以孙中山的《三民主义讲稿》为佳。但“三民主义”把“民族主义”列为首项，是一大败笔。孙中山又把“军训阶段”放到建国策略之首，在建党知识方面又吸收了列宁经验，这就保留了专制色彩，使民主理论大为褪色。本节从“圣人之治”——民主政治的基本内容详述之。

（一）“圣人之治”（民主政治）必然会取代“畏之”的帝王专制社会（僭主政治）

如上节末所述，人类社会发展到背离道德极远的“其下”顶点时，帝王（僭主）都是疯子，是疯人政治。帝王（僭主）们不管是明君还是昏君、暴君，都是不正常的人，是精神失常的人，是虎狼，如俗语所云：“伴君如伴虎”。他们欲壑难填，视人命如草芥：“罪莫大于可欲”。他们真的不仅企图统治人，还企图统治神。他们不仅随心所欲地给亲近大臣封赐或严惩，而且凭个人兴趣去封神、封山、封河，或捣毁神像寺庙，复兴或毁灭宗教。就这一点而言，暴君汉武帝、隋炀帝、朱洪武和明君唐太宗、宋太祖、康熙都是一样的。这不仅是个人品质如此，而且是一个帝王专制制度如此。对于疯人政治，国民只能“畏之”。当然，到了“民之不畏危，则大危将至矣”的时候，疯人政权的末日也就到来了。所以，“圣人之治”（民主政治）取代“畏之”的帝王政治（僭主政治），就“人心向善”而言，是必然的；就人类社会运行发展的趋势而言，也是必然的。“物极必反（返）”，“柔弱胜刚强”，“吾观其复也”，“万物归根”。

（二）“圣人之治”（民主政治）所处的人类社会历史的阶段

老子云：“万物旁作，吾以观其复也。天物云云（芸），各复归于其根也。归根曰静，是谓复命。复命，常也；知常，明也；不知常，妄；妄作，兇。知常，容，

容乃公，公乃王，王乃天，天乃道，道乃久，没身不怠。”（十六章）

这一章的意思有五层。其一，凡是被生的万物，都要作循环运行运动。成长到极致坚强时，就要返回往复运行。其二，当人类社会运行到“其下”极远的帝王政治（僭主政治）时，就要“善回向”，返回到善道上来，向始点方向运行。其三，这种返回往复运行是向前作弧线圆形运动，不是逆向倒退到原路上去。其四，人类社会的返回往复运行也是人类的觉醒：“知常，明也”，是人的善心和自然智慧的有为促进运动。其五，“圣人之治”（民主政治）取代帝王专制（僭主政治）后，是处在人类社会返回善道的阶段，还不是终点：“静是谓复命”，“复命，常也”，“常乃容，容乃公，公乃王，王乃天，天乃道，道乃久，没身不怠”。人类社会还在“没身不怠”地向终点运行，直至到达“玄同”“太顺”的“我自然”的终点，即是人类理想“小邦寡民”的世界社会。

“圣人之治”（民主政治）既然是处在人类社会历史的“善回向”的“复命”阶段，那就表明“圣人之治”（民主政治）自身就有一个运行过程。这个过程就是从初级阶段向高级阶段发展，从不完善向完善演化。西方民主政治发展的历史事实证明了这个观点。至今，比较成熟的美国民主政治仍处在由不完善向完善发展的过程中，存在着尚待解决的许多问题。在这许多问题中最基本的问题是如何清除历史不善政治所留下的垃圾痕迹。就全人类而言，历史的过程不是齐头并进的，而是参差不齐的。至今，还有许多国家留在“畏之”的寡头政治里，或留在“畏之”的僭主政治里。但是，人类社会历史发展的趋势是不可逆转的，正如孙中山先生所说：“世界民主潮流浩浩荡荡，顺之者昌，逆之者亡。”民主政治取代所有不善政治是历史的必然，每一个国家都要或先或后地进入的民主政治阶段。

对民主政治最感恐惧的是寡头们和僭主们。他们害怕民主思想的传入，使本国人民觉悟，就采取各种恶劣卑鄙的手段来诽谤和玷污“民主”这个词。他们首先对本国人民封锁“民主政体”国家的真实消息，其次，他们抓住民主政治存在的不完善的问题，予以扩大和歪曲，愚弄本国人民。再次，大肆逮捕民主人士（圣贤人）。其四，把自己打扮成民主的化身，把政府挂上“民主”的招牌。譬如最典型的例子是伊拉克前总统萨达姆。萨达姆在他的寡头政府垮台前两个月，举行一次全国大选，以复兴党的淫威胁迫全国公民投票选举萨达姆为总统，使萨达姆获百分之百的赞同票当选为总统。“百分之百”的赞同票，这在民主政治国家里是不可能出现的社会现象。这一选举是对寡头政治和僭主政治的极大讽刺，也是对“民主”的极大玷污，同时也说明民主深入人心，任何恶政府都要挂民主招牌，作民主姿态，行民主形式。

（三）“圣人之治”的国家性质：民主法治的内阁宪政制度

老子说：“修之身，其德乃真；修之家，其德有余；修之乡，其德乃长；修之邦，其德乃丰；修之天下，其德乃溥。以身观身，以家观家，以乡观乡，以邦观邦，以天下观天下。吾何以知天下之然哉？以此。”（五十四章）

这一章告诉人们，“圣人之治”的社会，还是一个个人修身和国家修德的德化社会，是一个需要治理的社会，具有国家的性质，它不是“无为而治”的“我自然”的世界社会。不过，“圣人之治”的国家是最后一种国家形式，它的完善就使人类社会走出了国家，回到了“我自然”的自然社会。苏格拉底也说了同样观点的话：“只有正义的个人，才有正义的国家。”下面就从个人和国家两方面来考察“圣人之治”——民主政治的国家的善性（正义）。

1.个人修身。关于“修身”，在前文第五章第五节已有论述，这里只从个人与国家的关系方面作些论述。

个人品质，表现国民性质。有人把国民性质分为劣等和优等，说那个民族是劣等的，我这个民族是优等的。希特勒和日本军国主义者就持这个观点。日本军国主义者说中国人是“东亚病夫”，中国人也自嘲自己是“丑陋的中国人”。这些观点都是荒谬的。根据老子的观点，所有人天生就具有同等的善心和自然智慧（前文已有论述），无所谓优与劣。之所以在后天出现了个人和国民性的差异或优劣，那是因为后天所受到的不善的政治压迫和不善的思想文化传统的蒙垢程度不同。为什么出现“丑陋的中国人”？那是与世界他国相比较，中国人有盲目自我陶醉的稳固长久的五千年灿烂文化，其实是五千年的“畏之”的政治压迫和自宋朝以来的一千年的恶劣的儒家文化传统的愚弄，致使中国人比他国人的天生善心和自然智慧所受蒙垢最深厚，难以一时恢复天生的善心和自然智慧。有一句话说得对：“中国劳动人民是善良、勤劳、智慧的人民。”所以两千年前的老子提出了“修身”问题。只是中国人对老子的话“莫知之，莫行之”，致使在近现代遭人耻笑为“东亚病夫”“丑陋的中国人”“没有觉醒的东方巨人”“酣睡的东方雄狮”。

为什么要修身？修身就是修性。因为你的天性受到污染，要用悟道的方法去涤除天性上的污垢，恢复天性。儒家也学着老子提出“修身”，那就是要你继续用儒术去“忠君”，去争功利，去“治国平天下”，增厚天性的污垢。两种“修身”，中国人选择哪一种呢？这决定个人的品质，也决定中国国民性质。如果中国人继续选择儒家的

“修身”，那就继续陶醉在帝王专制的伟大历史和恶劣的儒家思想文化传统中，把文化糟粕当精华，去歌颂帝王的千秋伟业，继续选择专制政权，拒绝民主政治。如果中国人选择老子的“修身”，那就会反省帝王专制历史和恶劣的儒家思想文化传统，就把老庄学说当精华，把孔孟之道当糟粕，就会批判帝王的千秋伟业和儒家思想文化传统，就不会与专制政权合作，就会接受民主政治。故曰：“修之身，其德乃真。”个人的品德“真”了，“善”了，“美”了，“正义”了，其家、其乡、其邦、其天下的品德也就都“真”了、“善”了、“美”了、“正义”了。不仅“真”了，而且“丰”了，“溥”了。中国就回到了善道，进入了“圣人之治”阶段。

所以，“圣人之治”的国家性质的实现，取决于国民性质的善心和自然智慧，通过“修身”得到恢复的程度。只有“修之身，其德乃真”，才有“修之天下，其德乃溥”，“只有正义的个人，才有正义的国家”。（苏格拉底语）

2.“圣人之治”的国家性质和特征。

“圣人之治”的国家的主体结构是：有一个代表公民意志的最上者圣人，与人民一起，上下节制和监督民选内阁政府的作为。在这种政治体制下，圣人“无为”——不对三种权力作为。而政府是有为的，国民也有为，都是在法律框架内的有为。如上文所述，是人类社会运行到背离道德“其下”的顶点的返回运行，处在“善回向”阶段，是每个国民在修身中清除恶习污垢而恢复天生善心和自然智慧在政治上的表现，所以，“圣人之治”——民主政治的国家性质是善的，是正义的。说它是善的和正义的，是因为它是依据“民四自”的原理建立的，坚持着“民四自”的原理。换一句话说，“民四自”的内容表现出“圣人之治”——民主政治的国家的主要特征。“民四自”的原理和内容在前文已有论述，这里主要运用“民四自”的原理和内容来论述“圣人之治”的国家性质和特征。

其一，用舆论自由和“善人之教”的方法不断地铲除国家祸害的余迹和清洗传统的恶习。

国家的蜕化是诉诸武力和产生于恶习的，是人类社会的一大祸害。“亲誉之”“畏之”的国家经历几千年的运行，其祸害巨大，其恶习深广。民主政治的出现，表明人类社会运行的方向发生了转折，回到了善道上来。同时，民主政治带着浓厚的国家祸害痕迹和传统恶习。民主政治要想维持下去，继续向善的终点运行，首要任务就是要不断铲除国家祸害痕迹，消除传统恶习，使国民性质完全恢复天生的善心和自然智慧，使国家完善起来，最后消亡国家本身。铲除国家祸害痕迹和清除传统恶习，用强制教育和法律手段是不行的，就目前的民主经验看来，最佳的方法是舆论自由和“善人之教”。这两个方法就是两千年前老子所说的“民自朴”和“善人之教”，目的是使人“愧明”。所谓舆论自由，就是“民自朴”，让国民自由地把想法和意见说出来，通过辩论，分清是非，取得大多数人的一致观点。所谓“善人之教”，不是执政者统治教育，执政者只能“行不言之教”，而是先觉醒的善人来施教，转化不善人：“善人，善人之师；不善人，善人之资也。”“恒善怵人，而无弃人，物无弃财，是谓愧明。”要达到国民“愧明”的目标，将是一个长期的艰巨的任务，民主制度必须完成这个历史使命。

其二，“圣人之治”——民主政治的国家主权的最高权力和最大决策权属于全体公民，公民拥有“民四自”中所述的所有自然权利。

其三，所有执政者必须由公民自由投票选举产生，被选举者在自由舆论中和竞选中受到严格的考察，是具有正义、节制、勇敢、智慧的美德和有行使权力的政治技能的圣贤人。

其四，国民通过法律所赋予的执政者权力，必须实行分权制，以遏制权力集中，执政者各行使所具有的权力，在有限的权力范围内尽心尽力地发挥政治才华，不得越权。

其五，民主政治阶段的目标，是保障国民生命财产安全，为全体国民谋福利，使民主国家自身强大起来。长远目标是使国家向着至善运行，建造无国家的世界社会——“我自然”社会。

其六，民主政治国家的正义性质表现在对外主持正义，向全世界宣传民主价值，反击侵略民主国家的寡头政权和僭主政权，打击一切危害民主政治的恐怖活动，支援寡头政治和僭主政治国家内的民主活动，促进全世界民主政治的实现，加速世界社会的到来。

二、“小邦寡民”的“我自然”社会——人类最高理想的社会

“圣人之治”——民主政治，是人类所理想的社会，不是乌托邦，已经成为现实。尽管它还处在运行中，还不完善，受着还存在的寡头政权和僭主政治的威胁，受着各种传统恶习的诽谤，它却在全世界逐渐强盛起来。可见，圣人之治——民主政治是人类社会运行必然要达到的阶段和过程。那么，“圣人之治”——民主制度是不是人类最理想的社会呢？人类社会运行到达的终点是什么社会呢？对这两个政治学的问题，西方从苏格拉底到洛克到现今的民主政治家都没有设想和论述，唯有中国的老子有论述，作出了回答，可见老子智慧之高。

帛书甲本第六十七章云：

“小邦寡民。使十百人之器毋用，使民重死而远徒。有车舟无所乘之，有甲兵无所陈之，使民复结绳而用之。甘其食，美其服，乐其俗，安其居。邻邦相望，鸡狗之声相闻。民至老死，不相往来。”

翻译如下：

小城邦、少人口的社区社会是无为而治的“民四自”的自然社会。这种自然社会，使今天以十以百计算的少数权贵者的奢侈器物没有实用价值，使人民重视生命死亡而能在全世界自由迁徙生存，今天现有的战船战车没有乘坐的作用，今天现有的兵器盔甲没有陈设的地方，使人民恢复了“结绳而用”的自由劳动和自由生活的状态。人民吃着他们所喜爱的食物，穿着他们所喜爱的衣服，快乐在他们善的习俗中，安全地居住在他们喜爱的环境优美的地方。邻邦之间互相探望，鸡狗的自然声音共相听闻而享受。人民从出生至老死，再也不知道今天这种政治斗争的外交活动和礼制社会的礼尚往来了。

老子所描述的这个自然社会：亲疏、尊卑、贫富、权力不见了，圣人、贵族、寡头、僭主、英雄、侠客、地痞、流氓都不见了，繁文缛节、斗争战争不见了，国家消亡了，人人都是圣人，劳动、生活充分自由，生活资料十分丰富，互相间十分友善。这就是“玄同”“大顺”的世界社会。这种自然社会，难道不是最美好最理想的人类社会吗？有哪一个平民不向往呢？这种自然社会难道是倒退到了原始的动物社会吗？当然，这样的自然社会是贵族、寡头、僭主们所不向往的社会，是功名利禄熏心的儒生们和争强好斗的辩证法论者所无法理解和接受的社会，所以他们在注解老子中，连文字也弄不通，连断句也不准确，大肆歪曲。

对这种自然社会，有个古代作家陶渊明写了一篇《桃花源记》，作了记述性的描绘。

桃花源记

晋太元中，武陵人捕鱼为业。缘溪行，忘路之远近。忽逢桃花林，夹岸数百步，中无杂树，芳草鲜美，落英缤纷。渔人甚异之。复前行，欲穷其林。

林尽水源，便得一山。山有小口，仿佛若有光。便舍船，从口入。初极狭，才通人。复行数十步，豁然开朗。土地平旷，屋舍俨然，有良田美池桑竹之属。阡陌交通，鸡犬相闻。其中往来耕作，男女衣着，悉如外人。黄发垂髫，并怡然自乐。

见渔人，乃大惊，问所从来，具答之。便要（邀）还家，设酒杀鸡作食。村中闻有此人，咸来问讯。自云先世避秦时乱，率妻子邑人，来此绝境，不复出焉，遂与外人间隔。问今是何世，乃不知有汉，无论魏晋。此人一一为具言所闻，皆叹惋。余人各复延至其家，皆出酒食。停数日，辞去。此中人语云："不足为外人道也。"

既出，得其船，便扶向路，处处志之。及郡下，诣太守，说如此。太守即遣人随其往，寻向所志，遂迷，不复得路。

南阳刘子骥，高尚士也。闻之，欣然规往。未果，寻病终，后遂无问津者。

这个"桃花源"，完全是按照老子的"小邦寡民"的自然社会特征来设计的。1.桃花源社会是从"畏之"的帝王专制社会（僭主政治）返回运行而来的，由遵守"圣人之治"后创建的："先世避秦时乱，率妻子邑人，来此绝境。"2.桃花源社会完全消失了国家痕迹，居民不知道国家的模样：百十人之器、车舟、甲兵都不见了，"不见有汉，无论魏晋"。3.人人都恢复了天生的善心和自然智慧：善心待人，和睦相处，尊重外邦来客，热情接待。懂得只能向自然索取必需生活资料，环境没有遭到破坏，风景优美。深知从国家社会来的人有不善和伪智慧，消去了渔人归去路上的标志，避免遭到帝王社会的侵害。而相比之下，从帝王专制社会来的渔人，不念源中人的善待，为求功名利禄，背叛源中人的嘱咐，去向太守告密，引领太守的队伍去搜捕源中人。4.源中人，人人平等自由，无所谓权利和义务，不知道亲疏、尊卑、贫富，也不知道繁文缛节，人人都是圣人。5.源中人，劳动自由，生活美满：“土地平旷，屋舍俨然，有良田美池桑竹之属；阡陌交通，鸡犬相闻；其中往来耕作，男女衣着，悉如外人；黄发垂髫，并怡然自乐。”

如果把《道德经》“小邦寡民”一章与《桃花源记》放在一处，就能发现陶渊明对老子政治思想理解得是多么准确、透彻啊！可惜至今没有发现陶渊明的注老解老文章。像《桃花源记》这样的“小邦寡民”社会，就是人类最高理想的最美好的“我自然”社会，并不是儒生们和辩证论者所攻击的倒退到动物世界里去的原始社会。

儒生们和辩证论者嘲笑“小邦寡民”和“世外桃源”是幻想，是不可能实现的乌托邦。而老子却认为不仅是人类美好的理想，而且是可以实现的理想，是人类社会运行的归宿。与老子持有同样观点的西方人圣西门还做了个福利社会实验，虽然失败了，但是不能说是不可能的，只是时候未到。

这里还举一例：圣马力诺社会。

现今的圣马力诺被称为袖珍国家，是意大利的国中之国，总人口约三万，总面积约六十一平方千米，相当于中国一个中等乡镇那么大，是著名的现实的典型的“小邦寡民”社会。在圣马力诺里，有着善良的风俗，人人平等互爱，没有贪官污吏和地痞流氓，可谓“乐其俗”也；国家领导人由公民公选，任期六个月，只是顺着民意办理和处理一些公务和外交上的事，对于政权大事由公民或代表公民的机构来处理，可谓是“无事”“无为”；国家没有预防和镇压国民的常备军，可谓是“有车周无所乘，有兵甲无所陈”；国家工作人员没有特许的生活待遇，可谓是“十百人之器勿用”；国民都能自由地寻找自己的工作，可谓是“复结绳而用之”；国民都享受义务教育、义务治疗、生养赡养等福利生活，可谓是“甘其食，美其服，安其居”；进出境不用签证，可谓是“邻邦相望，鸡犬之声相闻；民至老死，不相往来”。可见，圣马力诺社会优于美国民主社会，更优于寡头、僭主社会，已经具有老子所理想的“小邦寡民”的初级阶段。当然，圣马力诺还是处在各种政治制度混杂的世界中，如果全世界都是圣马力诺，那就是老子理想的没有政治的小邦寡民的世界社会。难道老子的理想国是子虚乌有的乌托邦吗？难道陶渊明的“桃花源”不是专制政治世界外的圣马力诺吗？当然，阮籍所瞧不起的那些“裤裆中虱子”是无论如何也不能和不会有那种理想的。

还有一点需要特别说明“母之”社会（母系社会）。

人类社会开始于“太上”社会，即现今史学家所说的母系社会，那么人类社会运动发展的终点也必然是母系社会——“母之”社会。所以，老子反复地称赞女性品质：始，母，玄牝，雌，柔弱，反复赞誉“万物之母”，反问“能为雌乎”？老子的这种哲学推理和政治预见被现今最新的科学研究成果所证实。

请看下面一则新闻报道。

澳学者预言男性将最终灭绝
人类500万年后重回“母系社会”

据《中国日报》报道（2009年5月22日）澳大利亚基因研究专家格雷夫斯20日称，人类将迎来女性社会，因为男性基因正在逐渐衰减，男性群体将最终灭绝。不过格雷夫斯表示，目前人们还不必担忧，因为这一变化将发生在500万年以后。

据报道，格雷夫斯当天在给爱尔兰皇家外科医学院学生做讲座时发表了这一见解。在这次名为“Y染色体的衰退和消亡以及男性未来”的讲座中，格雷夫斯主要探讨了Y染色体的消失现象及其对人类的影响。

格雷夫斯说，男性基因组中必须有一个Y染色体，Y染色体上有一种SR Y基因，能够促进睾丸发育以及促进决定男性特征的荷尔蒙的分泌。“3亿年前每个Y染色体上大约有1400个基因，而现在只剩下45个。按照这种衰减速度，

500万年后Y染色体上就不再有任何基因了。Y染色体正在消亡，重要的问题是接下来将发生什么？”

不过，格雷夫斯表示，男性并不会完全消失，他们很可能会像某种啮齿类动物那样，即使失去组成Y染色体的重要基因，他们仍然可以继续繁衍。格雷夫斯说：“人类不可能像蜥蜴那样变成单性繁殖的动物，因为几个重要的基因必须来自男性。但好消息是，某些啮齿类动物没有Y染色体和SR Y基因，例如东欧的鼹鼠和日本的田鼠。它们虽然没有Y染色体和SR Y基因，但是依然能够大量繁殖。这说明一定存在其他代替基因，我们想知道那是什么基因。”

现在来比较一下始点的“太上”社会和终点的“小邦寡民”社会。

在一个圆周运动中，始点和终点是重合的，却又不是简单的重合。所谓重合，是说始点和终点是同质的，所谓不是简单的重合，是说始点和终点是不同量的。

（一）“太上”社会和“小邦寡民”社会是同质的。

“太上”社会和“小邦寡民”社会都是没有文明国家痕迹的自然社会：“下知有之”，“成事述功，而百姓谓我自然”。“太上”社会是人类社会的起源——始点，在文明国家之前，不知道文明国家是什么，当然就没有文明国家的性质和现象。“小邦寡民”社会是人类社会的归宿——终点，在文明国家之后，清除了文明国家性质和现象，当然也就与“太上”社会性质相同了。

两种社会的同质具有重大的社会理论价值和社会实践价值。就社会理论而言，始点和终点同质，终点就必然要回归始点。人类社会既然有起源，就必然有归宿，归宿到同质的“太上”社会的始点去。国家既有起源，也就必然有消亡，消亡到与“太上”社会同质的终点社会去。大一统的国家既然是用武力使“小邦寡民”归为一统，也就必然要被正义的力量恢复到“小邦寡民”中去。就社会实践而言，“太上”社会是人天生的善心和自然智慧具有群居性而建立起来的，后来被少数强人的“可欲”和男权强力破坏，使国家出现。强人能使人的善心和自然智慧受蒙垢，但无法消除天生的善心和自然智慧本身，一代代出生的婴儿照样具有天生的善心和自然智慧。“人心向善”，就使被强人统治的绝大多数进行反抗、求善，终究善良会战胜邪恶，柔弱会战胜刚强，使国家消亡，使人类社会归宿到同质的“太上”社会上。这种同质论推动着和鼓舞着先觉醒的善人、圣贤人率领多数人去促进人类社会“善回向”。

（二）“太上”社会和“小邦寡民”社会是不同量的。

“太上”社会是始点，没有包含人类社会运行的历史过程；“小邦寡民”社会是终点，包含了人类社会运行的历史全过程，这就具有不同量：人的天生善心和自然智慧发挥的作用就有广狭、大小、深浅的不同。1.“太上”社会的每一个民族群体被局限在一个地域极小的范围里活动，与外邦不发生关系。一旦偶然发生关系，也互不了解，把对方视为一般动物，或当作猎捕的食物，或与之争夺生存空间。善心没有施于外邦。而“小邦寡民”社会是从全人类社会中走过来的，是在清除了全人类的恶习和恶制度后的归宿，全人类互相了解，人同一心，互相友善，善心得到广泛施行。2.“太上”社会的生产力低下，只有简单分工，人的自然智慧受到局限，得不到充分发挥。而“小邦寡民”社会，生产力极高，分工繁杂，每个人都能找到适合自己天资的工作，自然智慧得到充分发挥。3.“太上”社会虽然分配合理，但食物匮乏，衣、住、行都很艰难，更谈不上有文化生活。而“小邦寡民”社会，是分配合理，没有贫富，生活必需品十分丰富，而且有丰富的文化娱乐生活，人人都能“甘其食，美其服，乐其俗，安其居”。4.“太上”社会缺少劳动、生活经验，又没有文字帮助记忆去总结经验教训，不能充分发挥理智作用，缺少理性认识。而“小邦寡民”社会，经过了人类历史全过程，有丰富的生活、劳动经验，又有文字工具帮助记忆去总结经验教训，理智得到充分发挥，理性认识很高，能自觉地与人性天道合一。

“太上”社会与“小邦寡民”社会的不同量的原理具有重大的社会理论价值和社会实践价值。就社会理论价值而言，区分了两个社会。当老子、卢梭等人在赞美两个社会同质时，不会使人去混淆两个社会为一种社会。这就回讽了伏尔泰的嘲笑，也回驳了老子、卢梭是主张倒退，是退回到原始社会和动物世界里去的愚昧而荒谬的观点。就社会实践价值而言，当人们厌恶文明国家社会时，懂得要使文明国家社会消亡，不是要倒退到原始社会，不是要遁隐山林，或躲避到海滩、孤岛去，或关在木箱里做第欧根尼，不是去过动物一样的生活。根本出路在于积极推动人类社会从文明国家转折到“善回向”的善道上去，促进文明国家社会的早日消亡和“小邦寡民”社会的早日到来。

小结：“圣人之治”（民主政治）和“小邦寡民”社会都是生活在文明国家里的人的理想社会，却又是两个不同阶段的理想社会。实现第一阶段的“圣人之治”（民主政治）的理想社会是艰难、曲折、漫长的历史过程，但觉悟的人们在努力实现它、完善它。实现“小邦寡民”的最高理想社会，更是艰难、曲折、漫长的历史过程。老子、陶渊明、圣西门、卢梭等人设想出来了，却很少有人理解和接受，反而遭到所谓大师们的讥笑。这正如老子所云：“吾言甚易知也，甚易行也。而人莫之能知也，而莫之能行也。言有君，事有宗。夫唯无知也，是以不我知也。知

我者希，则我贵矣。是以，圣人被褐而怀玉。”（七十二章）“夫唯道，善始且善成。”（四十章）

如此说来，有理想总比没有理想好，信其有总比信其无好。有理想和信其有，会激励人去独立思想，去改变思维方式，去改造不满意的现状，去坚定正确的方向，不会受寡头们、僭主们以及御用文人的愚弄。没有理想和信其无，就不敢独立思考，就停留在旧思维方式上，保守在不满意的现状上，失去正确的方向，听天由命，任由寡头们、僭主们以及御用文人们糊弄和摆布。我坚信，老子之言会被人能知能行，知老子的下士会多起来，中士能解除犹豫不决，上士会被感化。“圣人之治”（民主政治）会在全人类实现而完善，“小邦寡民”社会不是乌托邦，也会实现。

第七节

老子论战争

历来注老解老家在战争论方面把老子推向两极：一说老子是反对一切战争的反战主义者；一说老子是阴谋家，主张“兵不厌诈”，《老子》一书是兵书。所以本书列出一节来论述老子的战争观。

概言之，老子反对称王称霸的攻城掠地的“乐杀人”的一切非正义战争，也反对美化战争本身。但是，老子主张“不得已而用之”的“自卫”的正义的“哀兵”战争，用“哀兵”战争消灭非正义的战争和战争本身。

《道德经》有如下论兵章节。

第三十章：“以道佐人主者，不欲以兵强于天下。师之所居，楚荆生之。善者果而已，毋以取强。果而毋骄，果而毋矜，果而毋伐，是谓果而不强，其事好还。”

第三十一章：“君子居则贵左，用兵则贵右。故曰，兵者，非君子之器也，不祥之器也。不得已而用之，銛袭为上。勿美也，美之，是乐杀人也。夫乐杀，不可以得志于天下。是以，吉事上左，丧事上右。是以，偏将军居左，将军居右，言以丧礼居之也。杀人众，以悲依立之；战胜，以丧礼处之。”

第四十六章："天下有道，却走马以粪；天下无道，戎马生于效。罪莫大于可欲，祸莫大于不知足，咎莫憯于欲得。故知足之足，此恒足矣。"

第七十章："善为士者不武，善战者不怒，善胜敌者弗与，善用人者为之下。是谓不诤之德，是谓用人，是谓天古之极。"

第七十一章："用兵有言曰：'吾不敢为主而为客，吾不进寸而芮尺。'是谓行无行，襄无攘，执无兵，乃无敌矣。祸莫于于，无适，斤亡吾，吾葆矣。故，称兵相若，则哀者胜矣。"

第六十一章："天下之郊也，牝恒，以靓胜牡。"

第六十八章："天之道，利而不害；人之道，为而弗争。"

从这些论战争的章节，可以归纳出老子论战争的基本观点。

一、人性本善，反对战争

"天之道，利而不害，人之道，为而弗争。"人性本善，圣人本善，与人为善，与邻为友，以德报怨，"各得其欲"，连日常争斗都不需要，更不需要杀人如麻的战争："物或恶之，故有欲者弗居"。

二、战争起源于"无道"，兵器本身是凶器，必须反对战争本身

少数社会强人，在“（忕）而欲作”中，将“有欲”膨胀为“可欲”，而“不知足”；就“心发狂”，而“不知常，妄；妄作，凶”；“欲取天下而为之”，就制作兵器，训练战马，发动战争。人们发明器物，是为了发展生产力和便于日常生活之用，可是器物变成了兵器；人们畜养牛马，是为利用畜力，增加肉食和肥料，可是马力变成了战马。这就失去了器物和牛马的原有价值，是“天下无道”的现象。所以，战争本身是反天道的，兵器是不祥之器，是反人性的。天道、人道、人性必须反对战争本身。所谓“战争是万物之父”“对立、矛盾、斗争的统一”都是反天道、人道、人性的恶理，必须批判。

三、战争的后果是破坏性的恶果，没有任何建设价值，必须反对战果

战争是以烧杀、摧毁、抢劫、掠地为手段的，战后必然会是一片废墟，一片荒芜，尸横大地，血流成河，留下的人员老弱病残，哀鸿遍野，“师之所居，楚荆生之”。胜利者也是“果而不强”“物壮则老”。战争是最大的罪恶和祸害：“罪莫大于可欲，祸莫大于不知足，咎莫憯于欲得”，难道战果不全是恶果吗?

四、要用和平方法预防和制止战争的大爆发

不管是内战还是外战，都是专制者和制造恐怖者发动的，善人、圣人和平民不忍心去发动战争。所以善人、圣人和平民应该用和平方式预防和制止战争的大爆发。老子云："其安也，易持也；其未兆也，易谋也；其脆也，易判也；其微也，易散也。为之于其未有，治之于其未乱也。"意思是说，防患于未然，制止于萌芽。

内战的形成有二：一是宫廷内争权夺利的战争，二是对人民和平抗议的暴力镇压。预防和制止的方法有十二：其一，揭露发动内战的阴谋；其二，和平抗议；其三，不参战；其四，呼吁正义国家对专制政府进行谴责和制裁；其五，国际组织和正义国家应该依据民主、人权价值观，干涉专制政权的暴力行为，不能耳听着"不干涉内政"，眼看着暴力屠杀，而不予以谴责；其六，限制专制政权的外交活动；其七，对专制政权实行经济制裁；其八，禁止专制政权制造和发展大规模杀伤性武器；其九，对好战的专制头目进行国际法庭起诉；其十，营救和保护反对专制政权的善人、圣人、平民；其十一，反对民族主义和种族主义；其十二，正义国家使自己强大起来，要备战，用实力恐吓专制政权，使其野心收敛，使其暴力行为退缩。

五、用正义战争消灭战争本身：老子主战

可是，从各种情报分析，得知专政者和恐怖制造者不理睬制止战争的和平方法，决意要发动战争，那么善人、圣人和国民以及正义的国家，决不可坐以待毙，要用市民起义或自卫战争来消灭非正义的战争："兵者，非君子之器也，不得已而用之"。这种"不得已而用之"的正义战争，必须讲究兵法。其一，"哀者胜矣"——"哀兵必胜"（孙武语）。战前，要向国民和世界人民宣传，揭露发动战争者的罪恶目的和残暴本质，说明自卫的正义战争的目的和善良之举，分辨战争的正义性和非正义性，表明自卫战是"不得已而用之，"得到国民和正义国家的支持，以办丧事出兵，这就是"哀兵"——"攻心为上"（孙武语）。其二，"以畸用兵"，"銛袭为上"。开战了，就不能对敌兵有慈软之心，对战争抱有侥幸心理，要制定较好的减少伤亡和破坏的战略，采用各种出其不意的制胜战术，达到速战速决的效果。出奇兵，闪击战。其三，"善者，果而已矣，勿以取强。"发动战争的专制者和恐怖制造者，是恶者，目的是逞强，奴役国民和占领别国。而自卫的正义战争，是善者，目的是打垮逞强称霸的战争发动者，消灭战争本身，只要取得这些战果就可以了，不是为了逞强。其四，"战胜，以哀礼处之。"正义的自卫战争取胜了，在面对死亡时，要有悲伤的心情，以丧礼来处理双方阵亡士兵和战争恶果："杀人众，以悲依立之”。战争总不是件值得庆祝的事。

六、老子反对歌颂和美化任何战争

在老子看来，战争是最大的犯罪和祸害，战果只有破坏性，没有任何建设性。即使是正义的自卫战争，也是“善者”“不得已而用之”，是件丧事，其战果也是“杀人众”的恶果，不是件值得庆祝的好事：“勿美也”。但是，专制者和恐怖制造者，是靠杀人建立起权威的，是靠杀人起家的，都是杀人的嗜好者，所以，他们就美化战争，把杀人者称为英雄，杀人多的封为将军、元帅，杀人最多的尊为帝王、圣人、圣战者。一些灵魂受蒙垢或心灵被扭曲的文人，也就跟着写史诗、小说之类的作品，歌颂杀人英雄，美化战争：“若美之，是乐杀人也”。在人类历史上，除老子这些大善人外，都是美化战争和歌颂战争英雄的。所以老子感叹：“果而不强，物壮而老，是谓之不道，不道早已。”可见，在人类历史上，至今没有一个人能像老子那样认清战争的本质，老子是天生善心和自然智慧保持得最完美的人，是最善良最有智慧的人。

第八节

老子论法律

法学是政治学的一个重要内容，老子进行了纲领性论述。

一、为什么要立法？立法的目的是什么

老子云：“（忛）而欲作，吾将阗之以无名之朴，夫亦将智足。智以足情，万物将自定。”（三十七章）“天将建之，女以慈垣之。”（四十九章）“天之道，损有余以补不足；人之道则不然，损不足以奉有余。孰能有余而有以取奉于天者乎。”（七十九章）“天网恢恢，疏而不失。”（七十五章）

这些话告诉人们：天地有“天道”“天网”，节制万物“（忛）而欲作”的“妄作”，要“损有余以补不足”，使“万物尊道而贵德”，让“万物将自定”。这“天道”“天网”是“道法自然”的无为自然法。在“太上”社会里，人都生活在自然法中，不需要“人为法”。但是，人类到了国家社会，有少数强人“（忄为）而欲作”而“妄作”，使“人之道则不然，损不足以奉有余。孰能有余而有以取奉于天者乎”？这种人道违犯了“天

道”“天网”，众人凭善心和自然智慧，就要“人法地，地法天，天法道，道法自然”而制定“人为法”，去节制强人的“可欲”和“妄作”，使每个人都生活在法律的约束下，保证人人自然权利的平等自由。这种“人为法”是众人制定的，是慈善法：“天将建之，女以慈垣之”，“阗之以无名之朴，夫亦将智足。智足以情，万物将自定”。

老子的立法原因和目的，就有别于儒家、法家。儒家、法家的立法原因和目的是一样的，要臣民“忠君”，防止下愚、小人、女人乱了王法，不忠诚，防止犯上作乱。儒家“刑不上大夫，礼不下庶人”，法家是皇帝一人置于法律之外，其余人在法律面前平等：“王子犯法，与庶民同罪。”

二、谁来立法

圣人和执政者没有立法权，不能立法来命令国民：“圣人恒无心，以百姓之心为心”，“行不言于教”，“民莫之令而自均焉”。如果执政者硬要立法来杀人立威，那么就会有这样的恶果：“若民恒且不畏死，奈何以杀惧之也！……夫伐大匠者，则希不伤其手矣”。

全体国民才是立法者，是“大匠”。国民具有自化、自正、自富、自朴、自均的善心和自然智慧，能制定出合天道、人性的法律。国民立法能区分三种民情：“不畏死”“死则”“畏死则”。国民懂得司法必须独立和有专门司法的机构，执政者不能干涉司法。

第七十六章云：“若民恒是不畏死，奈何以杀愳之也？若民恒是死，则而为者，吾将得而杀之，夫孰敢矣？若民恒是必畏死，则恒有司杀者。夫伐司杀者杀，是伐大匠斫也。夫伐大匠斫者，则希不伤其手矣。”

这一章的“则”是法则、法律，不能作副词“那”“就”。取甲本“恒是”，不取乙本“恒且”。三个“若”字不能改动。“伐”是讨伐、干涉，不作“代”。这一章，把立法时应注意的三种民情区分开了，把司法权独立出来了。这就是“民”的善心和自然智慧，而专制者是没有这种善心和自然智慧的。所以，第三十二章云：“道恒无名，朴唯妻，而天下弗敢臣。侯王若能守之，万物将自宾。天地相谷，以俞甘洛，民莫之令而自均焉。名亦既有，夫亦得知也，知止不殆。俾道之在天下也，犹小浴（谷）之与江海也。”只有国民的集体善心和智慧，才具有领悟天道、人道的微妙的内在联系，才能正确地自均、制名、知止。而侯王者只能“守之”，不能去臣服国民，代为平均、制名、立法。用现今的话来说，全体国民多数“同意”就是“法”，多数“不同意”就不是“法”，而是“非法”。全体国民通过“天下乐隼（推）”的选举，会选出有司法才能的代理人，去立法、司法。执政者不能干涉司法。

老子的立法主体就有别于儒家、法家的立法主体。儒家、法家的主张主体是帝王一人。帝王“金口玉言”就是最高的宪法，“圣旨”压倒一切。帝王拥有最高的立法权和司法权，是“伐大匠”者。所以，帝王的立法权就会“伤其手”。

三、立法的依据是什么

人所立的法，是人间法、人为法、国家法，不是自然法。自然法是人间法的立法依据。老子云：“人法地，地法天，天法道，道法自然。”这一个次序是从低到高，一层依据一层地递进的，是自然序列，人不能去颠倒其次序，也不能把它们混为一谈。人间法依据天地之道：法地、法天，始终无法达到“道法自然”的境界。人为法的最低最近的依据是人天生的善心——人道。天地赋予了人善心和许多自由平等的权利，人就依据善心和平等自由的自然权利来立法。所以，人为法不是永恒不变的，而是因时因地制宜，不断变动修改，以至完善，达到消亡而归于自然法。

每个人都依据自己的善心和权利生活，在与他人发生冲突时，就需要妥协互让，妥协互让的结果是全体国民有了共同自愿“各得其所欲”的契约条文，这契约条文就是法律。这个“共同自愿”就是立法的最基本的原理：在法律面前人人平等。换一句话说，人人自愿在法律约束下过着平等自由的生活。这个“人人”或“每个人”，是指全体国民，没有一个特殊的人例外。

老子的立法依据就有别于儒家、法家的立法依据。儒家、法家的立法依据是“忠君”，依据维护帝王特权和江山稳定。儒家立的法是“三纲五常”，法家立的法是帝王的严刑酷律。帝王一人有特权不受法律约束，官吏有等级特权，在不同程度上不受法律约束，只有劳力者、小人、下愚、女人被拘役在法律之中而失去自然权利。

四、司法必须独立，执政者不能干涉司法

第七十六章所说的“恒有司杀者”，是说：要有常设独立的执行惩罚的机构，那就是独立的司法机构。“夫伐司杀者杀，是伐大匠斫也”，是说：干涉和剥夺司法机构去做司法惩罚工作，是好比剥夺木匠大师的权利去做砍伐木料工作，那就是执政者干涉和剥夺了司法机构垄断了司法权。执政者专有了司法权，就破坏了司法，必然伤害司法，伤害国民权利，也伤害政权本身：“夫伐大匠者，则希不伤其手矣”。

用现在的法学语言来说，司法是独立的，与行政权分权并立。行政部门不能干涉司法工作，更不能专有司法权

力。如果司法不能独立，而在政府权力的控制下，就会造成司法不公的许多祸害，既危害司法，又伤害国民权利，也伤害政府本身。说伤害司法，是说司法受到政府控制或干涉，甚至由政府以权代法，司法就必然不公正，就制造冤假错案，该受法律制裁的却逍遥法外，有冤情得不到申诉，“法将不法”了，司法机构形同虚设。说伤害国民，是说国民生活在法律不公正的政府里，不但失去了法律的保护，而且受到司法的不公正审判。说伤害政府本身，是说以权代法，政府策令高于法律，甚至以权代法，政策高于国法，最后是最高权力的总统或元首的指示就是“最高指示”，像座高山一样压在法律之上，这样就出现了伤害政府的现象：其一，行政人员不是专业司法人员，执法技能（才能）低下，必然执法效果差，引起民怨、损害政府形象；其二，个人的精力总是有限的，行政人员去执法，就分散精力，做不好本职工作，政府显得无能；其三，政权代法，行政人员目无法纪，依法腐化，徇私枉法，使政府腐败；其四，执政党以党纪高于法律，就会结党营私，造成一党专制；其五，总统的指示代法，标明不是民主法治而是独裁专制。故曰：“夫代大匠者，则希不伤其手矣。”

老子的“司法独立”观点有别于儒家、法家的皇帝“金口玉言”“圣旨”。在儒家法家那里，只有王法，王法的最高法是“圣旨”，是皇帝的“金口玉言”。王法的执行者是行政官吏，知县、知府等官吏统三权于一身。所谓王法，也只是针对臣民的严刑酷律，没有民法。

五、法律条文必须纲举目张

老子云：“天网恢恢，疏而不失。”意思是：天诛的自然法网是广大无边的，网纲稀少，而网眼稠密，不会漏失一个犯了天条的物和人。恢，大，无限大。疏，稀疏，法网的纲条稀少。不失，不漏掉，网目稠密。简言之，法律条文必须纲举目张。纲举，是法学的基本原理要清晰，要制定好大法——宪法；宪法是体现法学基本原理的，是不能轻易修改的。目张，法律种类和条文要具体清晰，使各行各业的人做事有法可依，执法人员执法也有法可依；具体法是应时应地各不相同的，也是可以随时修改和建立的。

如果宪法（大法）的法学原理不正确，大条款的语言文字表达不准确，原理和条文就都含混不清，使具体法无原理和条文可依，那就是“法纲不举”。如果具体法不具体，所定的范围不正确，条文杂糅，有多种解释，那么各行各业就无法可依，执法者就能乱用条款来胡乱给人定罪，那就叫“法目不张”。不能纲举目张的法律条文造成的恶果是：“天下多忌讳，而民弥贫；民多利器，而邦家兹昏；人多知，而何物兹起；法物兹章，而盗贼多有。”

这种纲不举、目不张的法律文件，还不如没有法律，让国民去自生自灭。

老子的“纲举目张”的法律条文观点区别于儒家、法家的没有宪法和具体法之分的法学观点。儒家虽然有“三纲”，孟子又分出明君、仁君和昏君、暴君，使“忠君”无所适从。又分出慈父、严父、恶父、惰父，使孝父无所适从。儒家虽然有“五伦”（五常）之目，却有不同的内容，划分不清，界定不准。其结果是繁文缛节，多忌讳，臣民无法守法行礼，“民弥贫”“盗贼多有”。法家没有宪法，只有严刑酷律，只凭执法者个人主观意志去执法。中国从夏朝至今，所实行的是礼法和刑法。老子的法学理论被弃而不用，使今人不知道古中国早就有了老子的民主法治理论。